実践版 三国志

曹操・劉備・孫権、諸葛孔明……
最強の人生戦略書に学ぶ

鈴木博毅
suzuki hiroki

プレジデント社

実践版
三国志

はじめに

「優秀な人物ほど中央から離れ、自立した三国時代」

歴史好きな方で、中国の三国志を知らない方は珍しいでしょう。
それほど三国志は、日本でも幅広く読者を得ています。
最大の魅力は、なんといっても群雄が並び立ち権謀術数の限りを尽くすこと。
魏の曹操、蜀の劉備、呉の孫権。彼らに従うキラ星のような勇将、軍師。
400年間続いた漢帝国が腐敗し、その覇権が崩れ落ちる時代。
政治は混乱を極め、皇帝の外戚と宦官が醜い権力争いをしていました。
優秀な人物ほど中央から離れ、実力のある者は各地で自立を目指します。
英雄たちは、貧困と飢えに喘ぐ庶民の世直しへの期待を集める存在でもありました。

腐り倒れる古い権力から人が離れ、英雄が新たな時代を創る時。
壮大な英雄たちの物語、戦いから何を得ることができるのか。
三国志の深遠な戦略を、現代日本のサバイバル術として分析します。

三国志の主人公、曹操《そうそう》、劉備《りゅうび》、孫権《そんけん》の生い立ち

3つの国のトップとなる人物を簡単にご紹介します。
魏《ぎ》の曹操は、西暦155年生まれ。父が宦官《かんがん》の曹騰《そうとう》の養子となり、曹氏となります。
(父はもともと夏侯《かこう》氏であり、武将の夏侯惇《かこうとん》の叔父だったと言われる)
父は漢帝国で官僚として一定の出世をしています。
その影響もあり、曹操も推挙されて都の洛陽警備司令などを歴任。
漢帝国の末期は、飢餓に苦しむ民衆に太平道という宗教が広まっていました。
太平道の指導者だった張角《ちょうかく》は、政府打倒のため黄巾の乱を起こします。
曹操は、武将の一人として出撃し、黄巾の乱討伐の軍功を挙げて注目されます。

のちに蜀の皇帝となる劉備は、161年生まれ。

祖父は郡の長官だった人物でしたが、父の劉弘は小役人のまま病死。

残された母と幼い劉備は蓄えもなく、少年劉備は草履やむしろを売り家計を支えます。

15歳で叔父から援助を受け、同郷出身の盧植《ろしょく》の学舎で学ぶ。

盧植は当時有名な学者であり、政治家としても活躍した人物でした。

黄巾の乱では、盧植も鎮圧軍の将軍の一人に任命されて功績も挙げています。

劉備の運命は24歳の頃、張飛と関羽の二人との出会いで変わります。

張飛は虎髭で身の丈8尺、関羽は長い頬ひげで身長は9尺5寸（参考『三国志の世界』）。

3人は国を憂えて意気投合し、生涯変わらぬ固い絆で結ばれます。

劉備の一党は黄巾軍の反乱討伐に加わるも、なかなか芽が出ませんでした。

盧植の学舎で出会った公孫瓚《こうそんさん》が近衛司令に出世していたことで、彼を頼って別働隊の参謀となりようやく軍功を立て始めます。


呉の皇帝となる孫権は、182年生まれ。

父の孫堅《そんけん》は、若い頃から勇敢さで注目され、治安維持の仕事から軍事指揮官となります。

黄巾の乱では政府軍の一部に参加して反乱鎮圧に功績を挙げます。

黄巾の乱が鎮圧されたのち、董卓《とうたく》という人物が皇帝を囲い込み、権力を簒奪。

董卓は暴虐の限りを尽くし、民衆の恨みが高まります。

やがて各地の英雄が董卓打倒の旗を掲げますが、孫堅も呼応して上洛。
しかし各軍閥は、自軍の損害を怖れて攻撃を控えていました。
そんな中、曹操の軍と孫堅の軍だけが董卓に果敢に戦闘を挑みます。
曹操軍が敗れても、孫堅軍はさらに戦いを続けました。
このように、父の孫堅は勇猛果敢な将軍でしたが、37歳で戦死。
兄の孫策は父の死で衰退した自軍をまとめ、独立のため南方で勢力を拡大。
孫策も26歳で死去したことで、弟の孫権が南方地方で自立勢力のトップとなります。

3者は、いずれも漢帝国の崩壊で新秩序を追求しています。
中国大陸の不安定さが、新たな英雄たちを渇望した結果なのでしょう。

正史『三国志』と、物語としての『三国志演義』のちがい

三国志には主に正史と演義の2つがあります。
正史は、三国時代の終わりの3世紀末に陳寿が書き上げた史書（歴史書）です。
演義は、13世紀に羅貫中が書いた小説化された三国志です。

「三国志の英雄豪傑物語は、それから6百余年の十世紀には講談として語られていたという記録がある。こうして古い時代から語り継がれてきたものを、羅貫中は小説『三国志演義』として集大成したのである」（書籍『三国志の世界』）

日本では、特に作家の吉川英治氏の歴史小説『三国志』が有名です。
吉川氏の『三国志』は、三国志演義を基にさらに大胆にアレンジされています。
劉備と関羽、張飛らの出会いの物語も追加されています。
曹操や関羽の人物描写も、日本人により愛されるものです。

しかし本書は、分析の対象としては史実を基本としています。
理由は、現代の私たちにも応用が可能なエッセンスを導き出すためです。

諸葛氏と司馬氏、2つの一族と三国を巡る戦い

三国志の歴史は、滅亡寸前の漢帝国から始まります。

184年、民衆反乱（黄巾の乱）起こり、漢帝国は各地の軍閥に鎮圧を要請。
やがて黄巾の乱が収まり、軍閥が勢力を伸ばします。
軍閥の一人、董卓は幼少の皇帝を囲い込み暴虐の限りを尽くしました。
その後、名門一族の袁紹や曹操、無名の武人が英雄を目指して戦います。
董卓は暗殺され、袁紹は曹操に敗れて、曹操が中国大陸北部を統一。
劉備は公孫瓚が敗れたあと、大陸の中央へ移動して雌伏。
その時期に、劉備の軍師となる諸葛孔明と出会います。

曹操が北部で権力を掴み、南部では孫権が3代目として地歩を固める。
しかし劉備一党は一進一退のまま、流浪を続ける傭兵軍団でしかありませんでした。
孔明はその劉備に、天下三分の計を授けます。
呉に味方し、曹操を破ったあとに荊州を領有。
中央から蜀の地を手に入れて拠点とし、魏を倒して2強時代を作る。
その後、呉を倒して劉備が天下を統一する計略でした。

孔明の目論見通り、呉と劉備の連合軍は赤壁で曹操に大勝します。
曹操は南方統一の野望を打ち砕かれ、劉備は荊州を手に入れたのです。

劉備は蜀の地で国家を創り出して、天下三分の計が成立。
しかしその後、劉備配下の関羽は呉の裏切りで戦死、綻びが出始めます。
張飛も部下の裏切りで死去し、劉備は義兄弟の敵討ちで呉を攻撃します。
しかし劉備は呉の陸遜に敗れ、白帝城で死去。
残された諸葛孔明は、蜀による天下統一を目指し幼い皇帝を補佐します。

その後の結末は、本書で触れていきますが、三国志にはもう一つの側面があります。
諸葛孔明の諸葛一族と、魏の名将、司馬懿《しばい》の司馬一族の激突です。
司馬懿は、曹操の元で頭角をあらわした軍師ですが、曹操死後は権力を簒奪。
彼以外は、孔明の北伐に対抗できず、魏で軍事指揮を執ることで出世。
彼の息子、孫により蜀と呉は滅び、天下は再び統一されます。
本書では、あまり知られていない諸葛氏と司馬氏の対決も解説していきます。

最高の人間学として読み継がれる三国志の魅力

三国志の英雄たちは、華々しい活躍をする一方で、人間らしさも持っています。

彼らも運命に戸惑い、目の前の戦いに不安や恐怖を覚えます。

父子、兄弟、男女や仲間とのつながりを求め、愛情や恨みに駆られる。

英傑らしい凛とした強さと、強欲や煩悩に振り回される弱点。

私たちが三国志の世界に強く惹かれるのは、そこに立つ英雄が人間らしいからでしょう。

英雄も、私たちと同じく人間としての弱さや哀しさと向き合ったのです。


栄枯盛衰、どのような素晴らしい成功もやがては衰退していく。

人は必ず年を取り、快活でエネルギーに溢れた若者時代は去っていく。

三国志の英雄たちも、同じ人としての枠組みの中で英傑たらんと欲したのです。

人は完全でありたいと願いながら、完全とはほど遠い欠点のある存在です。

自らの弱さで失脚する者もいれば、運命の虎口から逃れられない者もいます。

一方の英雄は、運命の翼に乗り、一躍時の人になっていく。

人が栄光に上りつめるために何が必要なのか。

栄光の座から転げ落ちず、長く座り続けるにはどうすべきか。

誰もが知りたい永遠の人間学が、三国志には溢れているのです。

「三国志の兵法」を分析する5つの軸

三国志を兵法理論としてエッセンス化するため、本書では5つの軸で分析を進めます。
私たちを惹きつけてやまない『三国志』にどんな兵法理論があるのか。
現代の仕事と人生に役立つ多くの示唆を、分析から浮かび上がらせていきます。

①なぜ彼らは飛躍の瞬間を摑めたのか？

三国志の英雄の一人、劉備は草履やむしろを売って生計を立てていた庶民でした。
彼は劉姓のため、漢帝国の血筋とする説もありますが確定はしていません。
曹操も、劉備も、孫権も、漢帝国が続いたなら史実のような地位ではなかったはず。
彼らを飛躍に導いたもの、そのきっかけの正体を分析していきます。

②なぜ勢力を拡大し続ける英雄が生まれたのか？

世の中の多くの成功は、残念ながらたいていは「一時的なもの」です。
少し上手くいっても真似されてしまう。すぐに消費者が飽きてしまうなど。
乱世の英雄も、多くは泡沫候補で消えていきました。

ほとんどの成功が一時的であるのに、勢力を拡大し続けられた英雄がいたのはなぜか。

彼らだけが「成功をし続けた」理由に迫ります。

③ 勝ち残る者、敗北する者の人間関係の違い(乱世の人間力)

乱世に生き残り、成功を手にするには自分の力だけでは不可能です。

単に機会に出合うだけでも足りないものがあります。それは人間関係です。

混沌とした、生き馬の目を抜くような時代に、誰と関係をつなぐことが重要か。

どんな人間関係を築くことが、あなたの飛躍につながるのか。

三国志から得られる大きな教訓、「乱世の人間力」を解読していきます。

④ なぜ英雄の後半生には、悲哀が漂うのか?

山高ければ谷深し、の言葉のように、高い地位に上り詰めると次のリスクが生まれます。

手に入れた立場や豊かさから転がり落ちる危険性です。

英雄は自らの優秀さで初戦に勝利を得ますが、あっという間に敗北する者もいます。

なぜ英雄の後半生は失速の危険が多いのか。誰もが知りたい謎を解明します。

⑤ 繁栄を続けた英雄たちの、人生を美しく完結させる叡智

晩節を全うする、人生の有終の美を飾るため、どう生きればよいのか。
勝者であるか敗者であるか、幸せ者であるか不幸な人生を送ったか。
人生の総括は、最後の締めくくりで決定されます。
三国志の中に輝く多くの人物は、どのように人生を美しく完結させたのか。
誰もが知りたい、繁栄を続けた英雄たちの有終の美を飾る叡智を明確にしていきます。

三国志の始まりは、多くの民衆が抑圧に耐えかね、自由を求めたことにありました。
私たちの生きる現代も、古い社会システムの息苦しさを多くの人が感じています。
古い時代に効率的だったものは、新たな未来では非効率かもしれないのです。
三国の時代と１８００年近くを隔てた現代の私たちの時代。
新たな英雄の出現が求められている点は、まさに共通している可能性があります。

三国志と同じく、古い権威が崩れて新たな英雄が待望される現代。
新時代に飛躍して、脱落せずに栄光と幸福を手にするために。
本書で三国志の兵法を知り尽くすことが、運命を決めるかもしれません。

［人物紹介］

魏

曹操《そうそう》……魏王。治世の能臣、乱世の姦雄と呼ばれた三国時代の英雄。

曹丕《そうひ》……曹操の長男。魏の初代皇帝となり、司馬懿を右腕とした。

夏侯惇《かこうとん》……曹操が挙兵したときからの古参武将。生涯を曹操と共に戦った。

荀彧《じゅんいく》……曹操の参謀役。彼が参加したとき、曹操は「わが子房（漢の名軍師）だ」と喜んだ。

曹爽《そうそう》……曹操の甥である曹真の長男。司馬懿と対立しクーデターで一族を抹殺される。

蜀

劉備《りゅうび》……蜀の初代皇帝。関羽、張飛らと共に乱世に旗揚げした人物。

劉禅《りゅうぜん》……蜀の2代目皇帝。諸葛亮亡きあと、彼の代で蜀は滅んだ。

諸葛亮《しょかつりょう》……劉備を支えた知略の人物。大戦略家、政治家として活躍。

関羽《かんう》……劉備が挙兵したときからの武将。武勇の誉れが高かったが、呉に敗れる。

張飛《ちょうひ》……関羽と同じく、劉備に仕えた猛将。蜀建国の戦闘でも活躍をした。

費禕《ひい》……諸葛亮の後任者。よく蜀を支えたが253年に魏の降将に暗殺された。

呉

孫《そん》堅《けん》……黄巾の乱討伐に挙兵した一人。孫策と孫権の父。

孫《そん》策《さく》……孫堅の長男、江南の地域で孫家の勢力を拡大したが若くして戦死。

孫《そん》権《けん》……孫策の弟。父と兄の功業を拡大して呉の皇帝となる。

周《しゅう》瑜《ゆ》……孫策と孫権に仕える。曹操の来襲である赤壁の戦いで指揮を執る。

張《ちょう》昭《しょう》……兄の孫策に仕えて、その後は若き孫権を支えたベテランの参謀役。

諸《しょ》葛《かつ》瑾《きん》……諸葛亮の兄。呉の孫権に仕えて忠臣として高く評価される。

諸《しょ》葛《かつ》恪《かく》……瑾の長男。孫権の死後、呉の重臣となるも作戦失敗で暗殺される。

晋

司《し》馬《ば》懿《い》……曹操に仕えて、後継者の曹丕の教育役兼軍師となる。魏を簒奪した。

司《し》馬《ば》師《し》……司馬懿の長男。曹爽一族を殺したクーデターでは中心的役割を果たした。

司《し》馬《ば》昭《しょう》……司馬師の弟。父と兄の権力を受け継ぐ。昭の子、司馬炎が晋の皇帝となり魏は滅んだ。

三国志年表

日本	縄文時代				弥生時代			古墳時代	飛鳥時代	奈良時代	平安時代		鎌倉時代
中国	夏	殷	周 春秋 戦国	秦	前漢	後漢	魏 220〜265年 蜀 221〜263年 呉 222〜280年	西晋	東晋 十六国	南北朝時代	隋	唐	五代十国	北宋
				BC202年		AD220年		AD316年		AD581年		AD907年		

三国志地図

魏
涼州
并州
青州
洛陽《らくよう》
白馬
官渡
街亭
陳倉
五丈原
長安
荊州
樊城
豫州
陽平関
漢中
定軍山
綿竹
白帝城
襄陽
麦城
夏口
建業《けんぎょう》
呉
成都《せいと》
夷陵
荊州
赤壁
江夏
江水(長江)
蜀
呉

はじめに　特別な才能が同時代に生まれた三国志の時代……3
三国志の主人公、曹操、劉備、孫権の生い立ち／正史『三国志』と、物語としての『三国志演義』のちがい／諸葛氏と司馬氏、2つの一族と三国を巡る戦い／最高の人間学として読み継がれる三国志の魅力／「三国志の兵法」を分析する5つの軸

人物紹介　14　年表　16　地図　17

第一章　乱世とは過去の権威が、崩れていく時代

01　巨大組織が腐敗し、民衆の怒りは頂点に達した……26
腐敗が進む時、旧権力から離れるべき時を見極めよ／支配権の奪い合いに巻き込まれず、混乱から脱出する／民衆の不満や怒りを、新たな達成のための力に変える／転換期に渦巻くエネルギーを、原動力にできた者が勝つ

02　劉備、孫権、曹操が発揮した「能動的に離れる力」……33
リスクから巧みに離れながら、信義を失わないこと／危機から離れながら、信義を貫く者に人は従う／強敵がいない場所で繁栄して、得意なことに集中する／古い習慣の打破には、新制度の導入が最も効果的である／機能不全のものから離れる力が、成果を決定する

03 古きから離れることができずに滅んだ英雄たち……45
名門や家柄を誇るだけでは、乱世で食べてはいけない／平和時と乱世では、異なる統治法に切り替えるべし／地位の高さに応じて、不要な偏見は潔く捨てるべき／機能不全の過去を捨てた者は勝ち、捨てない者は敗北する

04 荀彧、諸葛亮、周瑜、3人の天才軍師の共通点……53
乱世の危険を避けながら、新時代の波を自ら取り込む／自分の価値が最大化できる、新たな機会と融合せよ／新しい時代を支配する力とは何か、常に問うべし／過去が通用しないとき、自分を新たな力と結びつけよ

第二章 三国志、一瞬の輝きで消えた人の「失敗の本質」

05 反董卓連合の12名はなぜ生き残れなかったのか……64
言葉しか扱えない人物、危機から離れない者は消える／チャンスに強い人物も、軽率に過ぎれば滅亡を招く／無謀すぎる、恨みに鈍感、優柔不断は没落への道／凡将は駒として部下を集め、英雄は熱き同志を集める

06 リスク判断から、組織管理へ移行する中間期……75
敵の得意分野ではなく、こちらの優位な領域で戦う／不安で思考を濁らせず、最初の目的を思い出す／継承は、兄弟間で争わないよう権力分散をしておく／新時代に合わせて、次の大きな未来図を設計しておく

07 なぜ、曹操だけが生き残ることができたのか？……86
優れた人材に惚れた曹操は、偉才たちに惚れ返された／人が尻込みする場面は、飛び込む者にチャンスとなる／周到な自己演出で、偉才が参加したくなる組織にせよ／天才を集めて活かす、この一点で曹操は生き残った

08 突出した才能を「使いこなす」曹操の技術……95
優れた人材を吸収しながら、人材のリスクに対処する／優れた人材を渇望しつつ、仕事に人をつけて管理する／良い人材を引き寄せて、死力を尽くす環境に組み込む／厳しさと仕組みを縦糸、才能への愛を横糸にした曹操

第三章 なぜ、劉備はわらじ売りから皇帝になれたのか

09 桃園の結義、三人の義兄弟と建国した蜀の皇帝劉備……104
内的魅力を磨き、理想へ共に向かう強い盟友を得る／魅力的な反多数派の旗印を掲げ、同志を惹きつける／共通の利害で味方となり、相手に自然に決断させよ

10 兵法書『六韜』と劉備の基本戦略①……113
学び愛した理論が人生を創る。手本は慎重に選ぶべし／利益を共有して、自らに接するように相手を扱う／トップに逆らわず、その周辺と交際して推挙されよ／必要な行動は直ちに行い、自らに躊躇を許さない

11 兵法書『六韜』と劉備の基本戦略②……124
人に功績を譲り、安心感を与えて、相手の懐に入り込む／成長を続けるには、地位や富を得ても周囲を見下さない／相手の心が渇望しているものを与える者が、上に立つ／人を惹きつける魅力は、学ぶことで身にまとう

12 劉備という男のきわだつ魅力と限界……135
目の前の争いに囚われず、最終目標を達成せよ／別の標的を作りかく乱して、敵の敵を味方にする／自らを疑い、目標実現に足りないものを見つけ出す／大きな夢や志を持ち、人が活躍する舞台を創り上げよ

第四章 呉の孫権、家業を繁栄させた3代目の若頭

13 父と兄の死を乗り越え、19歳でトップとなった孫権……148
助言は、感情ではなく謙虚と合理性で受け止める／若者の成長を促すには、優れた年長者と結びつける／全員に自由な意見をすべて出させて、あなたが決断する／優れた者の能力を引き出して、使いこなす者が君主

14 人使いを極めた若き孫権のテクニック……157
若いトップは、自分の資質以外にも目を向ける／周囲の手本となる凄い部下を、トップが褒め称える／次は自分が褒められたいという人間を増やしていく／派閥は偏らせず、正しい貢献を目指して競わせよ／人を説得するよりも、物理的な環境を変えてしまえ

15 グループが最大の繁栄をする目標を選んだ孫権……170
トップは、集団に繁栄と豊かさを与える目標を掲げよ／危機を機会として利用し、集団を強く一致団結させよ／プライドやメンツ、枝葉をバッサリ捨てて実を取れ／年を重ね権力を得るほど、批判を受ける機会を得よ

第五章 曹操を選ばなかった諸葛孔明の狙いとは

16 劉備軍団の運命を激変させた一人の男……184
才能や志とともに、参入する業界や機会を厳選する／自分が情熱を注ぐことが出来る、花開くまえの機会を見つけよ／やみくもな努力ではなく、追い風を受ける立場を作れ

17 徹底して爪を隠した若き日の司馬懿……193
どんな強者にも必ず弱点はある、そこを突く／目標を手離さず、機会を狙い続ける執念も力である／軽薄な賢さより、人間としての強さで勝者となる／人間の弱さを知り、常に相手の弱みを突き続ける

18 政治統治者としての諸葛亮の凄さ……202
組織を正しく保つため、ルールと規範を創り上げる／準備できないチャンスは、熟慮するより飛び掛かれ／頭の良さは2つある。臨機応変と周到な計画力である／予期せぬ機会には、計画を変えて人と資源を注ぎ込め／模範となり、人から強さや誇り、誠実さを引き出す

19 戦場指揮官から、帝国を創った司馬懿の強さ……217
何事も完遂させるため、強い疑り深さこそ武器にせよ／全体を見て敵の弱みを突き、自らの弱みは補強せよ／一番弱い部分を底上げすることで、全体を強くせよ／人生の成否は、あなたの一番弱いところで決まる

第六章 すべての諸葛一族を滅ぼした司馬氏

20 魏の諸葛誕、司馬氏の専横に反旗をひるがえす……234
勝てる戦場を選ばねば、部下の奮戦も無駄死に終わる／子供の資質に合う、相手が輝ける目標を与えること／才能を経験で磨かず、敵を甘く見れば自ら滅びる

21 三国志が教える、後継者や子供の育て方……247
英雄が育つ環境には、才能を見抜く親や親類がいる／後継者選びと相続では、早期の決断が禍根を断つ／一族が長く栄えるには、団結できる家風を残すこと

22 次の世代を飛躍させるのに、何が必要か……257
子供、青年が自らの理想とする人物と出会わせる／子供や後継者には、時代に合う目標を与えてやること／親の豊かさや名声を誇るまえに、社会を体験させせよ

23 人生を輝かせる三国志の英知 …… 265
時節や機会は一瞬、あなたが立たねば他者が勝つだけ／新たに生まれている問題の解決者は、必ず飛躍する／人生を大きく変えたくば、優先順位を大きく変えよ／一度きりの人生に、全力を尽くす者こそが英雄である

あとがき
乱世を生き抜くための、最高の教科書 …… 276

超訳「六韜の兵法」早わかり！　これが劉備の読んだ兵法だ！ …… 281

参考文献 …… 294

第一章

乱世とは過去の権威が崩れていく時代

01

乱世とは過去の権威が、崩れていく時代

巨大組織が腐敗し、民衆の怒りは頂点に達した

劉邦が打ち立てた漢王朝は約400年間続きました。
しかし王朝の末期は、政治の腐敗が進行します。
特に、2つの悪弊が政治の混乱に拍車をかけました。
1つ目は、幼い皇帝の即位で母方の外戚が実権を握ること。
彼らは私利私欲の限りを尽くしたため、外戚の濁流政治と呼ばれます。
もう1つは、皇帝が外戚から本来の権力を取り戻すため利用した宦官たちです。
彼らの力で外戚の排除が成功すれば、今度は宦官が大手をふるったのです。

「これがために、有能な人材は宮廷を去り、野に隠れ、力量ある者は、地方に割拠した」
（書籍『三国志の世界』）

後漢の第10代皇帝である質帝は、叔父にあたる人物に毒殺されます。
その叔父は、権力を掌握してその血族は我が物顔に振る舞います。
やがて叔父を、次の桓帝がクーデターで粛清。
（桓帝を初期に補佐したのが曹操の養祖父の曹騰《そうとう》）
クーデターに成功したものの、次はこの成功を助けた宦官が暴走。
政治的な混乱に、立ち上がる一部の役人もやがて粛清されます。
結果、有能な人物は口をつぐみ、中央権力から離れていきます。
問題を解決できる人物は消え、巨大国家は破綻に突き進んでいったのです。

三国志の英雄ならどうする？ 1

腐敗が進む時、旧権力から離れるべき時を見極めよ

外部勢力を引き込み、支配権を奪われる

何進《かしん》という人物は、妹が皇后（皇帝の妃）となり、宮廷で地位を得ます。

しかし宦官の専横に苦しみ、袁紹・袁術の兄弟と共に宦官勢力の排除を計画。

この計画が暴露されて、何進は宦官に謀殺されました。

怒った袁紹と袁術は、宮廷内で宦官を皆殺しにするクーデターを断行。

凄惨なクーデターの影響で、首都の洛陽は大混乱に陥ります。


一方で、何進が密かに呼び寄せていた董卓が都に近づきます。

董卓は、辺境で黄巾軍と戦った将軍でしたが、任務を終えたあとも軍を解散せず、中央の命令を無視して軍隊を保持し続けた怪しい人物でした。

董卓は混乱の中で、幼少の皇帝を保護して権力を手に入れます。


袁紹は身の危険を感じて首都を脱出。

都の警備職にあった曹操も、同じころに董卓の危うさを感じて洛陽から脱出します。

董卓は皇帝をすげ替えて、専横を極めた残虐な政治を始めます。

疾風のように脱出した袁紹と曹操は、自身の根拠地まで逃げのびます。
袁紹も曹操も、台頭するきっかけは混乱する中央から離脱したことにあったのです。

三国志の英雄ならどうする? 2

支配権の奪い合いに巻き込まれず、混乱から脱出する

農民反乱の黄巾の乱を、叩くだけではなかった曹操

董卓はわずか17歳の皇帝を殺し、皇帝の弟を帝位につけました。
身分制度の最高位にあった皇帝が、地方軍のトップに殺され、操り人形となる。
後漢帝国は実質的に滅び、古い肩書や位が意味を持たない乱世となったのです。

董卓は内紛と謀略で、部下の呂布に殺されます。
群雄割拠となり、混乱の中から新たな勢力図が創られていきます。
最初は名門出身の兄弟、袁紹と袁術の人気と声望が高まります。

しかし兄弟の不仲から、二人は別々の勢力となり互いに潰し合います。

曹操は根拠地の近くで、黄巾軍に殺された地方長官の後任の地位を手にします。自ら戦闘指揮を行いますが、青州地域の黄巾軍は強く大いに苦戦。曹操はなんとか敵を降服に追い込み、兵士30万人、民衆10万人を手にします。彼らの最精鋭を選んで「青州兵」と名付けて、自軍団に組み入れたのです。

青州兵が曹操軍団の最精鋭となったのは、曹操の政策が原動力でした。曹操は彼らに宗教の自由を保障し、家族たちに土地を与えて帰農させたのです。食糧生産力を高める、屯田制の開始です。青州兵は、家族を守ってくれた曹操の保護政策に恩義を感じて奮戦します。

曹操の民衆保護政策を聞きつけて、流民が彼の領地に集まりました。集まる流民に曹操は土地を与えて屯田制を拡大、農業と経済を発展させていきます。

三国志の英雄ならどうする？3

民衆の不満や怒りを、新たな達成のための力に変える

新たな時代に、社会が直面する問題を解決する者たち

後漢から三国時代の始まりは、古い秩序や支配体制が崩壊するときでした。支配者の権力争いに巻き込まれないため、曹操は首都から離れました。曹操や袁紹の乱世のキャリアは、逃げることから始まったのです。

一方で為政者の暴虐と腐敗で、もっともしわ寄せを食うのは民衆です。巨大企業が業績不振で、まっさきにリストラ候補になるのも同じでしょう。社会体制が崩壊する、以前の社会秩序が転換期を迎えた時、民衆に広く、大いなる不満と怒り、束縛への根強い抵抗が生まれていきます。

中国全土で広まった黄巾の乱は、民衆の怒りのあらわれです。彼らは腐敗と暴虐をくり返す為政者に反旗を翻したのです。

中央政権は民衆反乱を、できる限り封じ込めようとしました。しかし、曹操は単に戦いで相手を叩くだけでなく、彼らの怒りを受け入れます。宗教の自由と家族の安全、生活の保障。

大切な者たちを保護された黄巾の精鋭兵士は、どう振る舞ったか。
曹操のもっとも強力な軍団として、新たな覇権の構築の原動力となったのです。

変革期、混乱期と呼ばれる時期は、多くの人たちに不満が渦巻きます。
旧来のやり方で豊かかつ快適に過ごせる人が減っていくからです。
長引く不況にある日本も、ある意味で似ています。
過去の働き方のままで、裕福でいられる人数が減り始めています。
転換期には、上手くいかない民衆が増えて、怒りや不満も広がります。
新時代のリーダーは、民衆の怒りのエネルギーを新たな達成に転換していきます。
曹操や劉備ら英雄は、大陸に満ちた怒りのエネルギーで新時代を創り上げたのです。

三国志の英雄ならどうする？
4

転換期に渦巻くエネルギーを、原動力にできた者が勝つ

０２

劉備、孫権、曹操が発揮した「能動的に離れる力」

勝利を得るために、あえて離れよ

英雄の活躍した三国時代に、離れる（逃げる）力とは奇妙に感じるかもしれません。
しかし危機から巧みに離れることは、英雄の英雄たるゆえんでもあるのです。

【後漢の崩壊で生まれたリスク】

○古い権威が崩壊するリスク
○トップの権力争いに巻き込まれるリスク
○無謀な作戦を行う上司のリスク
○閉塞した組織で足をひっぱる同僚のリスク

○敵の攻撃から身を守れないリスク

危険から離れない者は、キャリアの崩壊や死という敗北を迎えます。
董卓の死で権力を継いだ王允《おういん》は、反乱軍の来襲から逃げず、皇帝のそばに最後までいて殺されました。臣下の意地を通したのでしょうが、彼は英雄にはなれませんでした。

また、ただ離れる、リスクを避けるだけでは問題が一つ起こります。
離れる（逃げる）ことで信用を失えば、それが新たなリスクとなることです。
主君を裏切り、董卓の部下となった呂布《りょふ》は三国時代最強の一人でした。
1年以上曹操軍と戦い、激戦の中で曹操を追い詰めたことさえありました。
しかし、呂布は最初の主君の丁原《ていげん》と、次の主君の董卓を殺しています。
立場を変えるたびに、重用してくれた相手を裏切ったのです。

仕事を得ても、職場に迷惑をかけて退社をくり返す人が現代にもいます。
呂布は逃げる先々で信用されず、疑われて命を狙われてまた逃げます。
「リスクから離れる」行動も不適切ならば、没落を招くことがあるのです。

三国志の英雄ならどうする？5

リスクから巧みに離れながら、信義を失わないこと

離れるセンスが抜きん出ていた、劉備という男

次に、乱世の英雄の一人、劉備の離れる力を見てみましょう。

「劉備の祖父の劉雄は東部郡、平原郡、いずれも現在の山東省にあった郡の長官を務めたが、父の劉弘は小役人のまま幼い劉備を残して死没した。あとに残された母子家庭にはさしたる蓄えもなかった」（書籍『三国志の世界』）

三国志きっての苦労人とも言える劉備は、父の死後、幼い頃から家計を支えます。草履やむしろを編んでは売っていたのです。

彼は、叔父の援助で15歳のとき学舎に入ったことで転機を迎えます。大学者として知られる盧植の学舎で学んだ彼は、多くの知遇を得たのです。

若き劉備には、一つの長所がありました。

真の友を大切にする姿勢、人を惹きつける魅力です。

「口数こそ少なかったが、よく相手をたてて、めったに感情を表すことはなかった。男どうしのつきあいとなると、それを大事にしたので、人々は争って彼に交際を求めた」（書籍『三国志の世界』）

もう一つ、彼を特別な人間にしたのはその大きな野望でした。

劉氏の末裔と言われる彼は、漢王朝の再興を狙っていたのです。

彼は、感情に駆られて自滅などせず、大望のため困難を耐え忍びます。


【劉備がやったこと】
○黄巾軍を討伐するも出世できず、学舎の先輩（公孫瓚）を頼り参謀となった
○かくまった呂布に裏切られて逃げ、曹操を頼る
○曹操に英雄の資質を言い当てられ、出陣を理由にして逃げ出す
○追ってきた曹操の攻撃に耐えられず、敵対勢力のトップだった袁紹の元へ走る

呂布は金品や地位につられて主人を殺しましたが、劉備は異なりました。
信義を重んじ、遠大な目標の達成のために危機から離れ続けていたのです。
彼の仲間である関羽、張飛などは劉備とあらゆる苦難を共にします。

三国志の英雄ならどうする？6

危機から離れながら、信義を貫く者に人は従う

北方と中央の激戦には手を出さなかった孫権

のちに呉の皇帝となる孫権は182年に生まれます。
呉の基礎は、彼の父である孫堅と長男の孫策が確立したものです。
父の孫堅は155年生まれ。兄である孫策とともに勇猛な武人でした。
孫堅は黄巾軍との戦いでも功績があり、袁術の配下で董卓とも果敢に戦います。
（董卓は後漢王朝の都を荒らした軍閥のトップ）
孫堅の奮戦で、董卓軍は洛陽から逃げ出します。

しかし父孫堅は若くして戦死、その軍団は一時袁術によって解散させられます。
父の軍団を復活させたのは、兄の孫策でした。
袁術の配下で活動しながら、千名の兵士を返してもらいます。
その軍団を引き連れて江東へ移動し、幼なじみの周瑜（軍師）と再会。
彼らは団結して江東の地で無数の小勢力を倒して、基盤を固めたのです。

兄孫策は197年に、袁術からの独立を宣言。
進軍してきた袁術の部下たちを撃退するも、26歳で刺客により殺されます。
このとき、弟の孫権は19歳。兄は死の間際に彼を後継者に選びます。

「孫権はほとんど中原をうかがう積極的な姿勢をみせていない。長江の険を循に、終始一貫、守成に立って孫呉政権の維持につとめたが、天下統一をめざすために、みずから大軍を率いて、中原に駒を進めることは一度たりともなかった」（書籍『三国志の世界』）

次男の孫権は、かなりの慎重派でした。
孫権は71歳の長寿を全うして、政権を自分の代は守り抜きました。
彼は自分の才能を理解し、無謀を避けて根拠地を固く守って大成したのです。

三国志の英雄ならどうする？ 7

強敵がいない場所で繁栄して、得意なことに集中する

曹操は、古い常識から部下を離れさせ続けた人物だった

三国志で中心的な役割を担う曹操は155年生まれ。ちょうど、孫権の父である孫堅と同じ年。隻眼の武将として名高い夏侯惇は彼のいとこです。

曹操の最大の特徴は、伝統や古い常識から自由だったことです。彼はカビが生え始めた漢王朝の伝統的思考から離れることができた人でした。

「知識人の家庭の子弟ならば、どうしても伝統だとか習慣にとらわれることになるのだが、宦官の家の出である曹操は、はじめから儒教的な教養の枠のなかで思考することも、その枠にとらわれて行動することもなかった」（書籍『三国志の世界』）

（宦官とは後宮に入るため、去勢した男性のこと）

彼は若い頃、何顒《かぎょう》という人物にこう言われています。

「漢はまさに滅びようとしている。天下を安んじるのは必ずこの人物である」

若き曹操は、自分の運命を信じていたのかもしれません。

彼は新時代を切り拓く人物として、古い常識の枠にとらわれない活躍を始めます。


彼は自分だけが新しい世界観を持つのではなく、自軍団の意識も変えていきます。

そのために、仕組みや制度をいち早く、最大限活用したのが曹操の特徴です。


【曹操が軍団の意識改革に使った手】
○ただ才能だけを見て出世をさせる人事制度
○孫子の兵法に注釈をつけたマニュアルを武将に配布した
○食糧を増産して兵士と民衆を安定させた

漢王朝末期といえど、名門の家柄や士大夫の儒教的な価値観は重視されていました。

しかし曹操は、天下を手にするため英雄や軍師を吸収する必要がありました。

そのため、才能があれば親を殺した人物でも登用すると布告したのです。

三国志、3人の英雄の「離れる力」

劉備（蜀）
リスクから
健全な形で
離れた

孫権（呉）
中央の
激しい競争から
離れた

曹操（魏）
古い常識、
古い制度から
離れた

**“有能な人材は宮廷を去り、野に隠れ、
力量ある者は、地方に割拠した”**
書籍『三国志の世界』より

崩れゆくものにしがみ付かず、
時代の変化が生み出す新たなエネルギーに乗る

後漢の朝廷は崩れゆく権力をめぐる、宦官や軍閥の激しい抗争で混乱

→

腐敗や支配権の奪い合いに巻き込まれず、機能不全となったものから早く離れて、英雄たちは新たな道を歩んだ。ビジネスでも沈みゆく市場に固執すれば没落する

気持ちを切り替えろと部下に何度伝えても、人は簡単には変わりません。曹操は、制度を変えて結果として人の精神を切り替えさせたのです。

出世の仕組みが変われば、形式主義で無能な人物は曹操陣営から離れていきます。

一方で、自らの才能に自負を持つ英傑や参謀たちは、彼の元に集まったのです。

曹操は、新たな仕組みの導入で、自らの軍団を古い常識から引き剝がしたのです。

三国志の戦いの中で、魏の曹操とその軍団はもっとも人材が豊富でした。曹操が導入した新たな制度に、天下の人材が魅力を感じたからなのです。

三国志の英雄ならどうする？ 8

古い習慣の打破には、新制度の導入が最も効果的である

離れる力こそが、英雄が飛躍するための原動力である

三国志の代表的な英雄3名の「離れる力」は、乱世特有のものとも言えます。

権威はもはや役に立たず、古い組織は行き止まりの道ばかりだからです。

効力を失ったものから離れ、見通しのわからない激しい競争は避けるべきなのです。

【3人の英雄の離れる力】
劉備（蜀）＝組織のリスクから健全な形で離れた
孫権（呉）＝競争の激しい中央から離れた
曹操（魏）＝古い常識や制度から離れた

歴史を振り返ると、彼らは、その離れる力に応じた人生を歩んでいます。

劉備はあらゆる勢力が倒れていく中で、粘り強く生きのびて最後に蜀を建国します。

孫権は強敵との戦いを避けて、勝手のわからない中央に進出しませんでした。

（ある意味で、乱世にもっとも裕福で幸せな人生を送ったともいえます）

曹操は古い常識から離れ、人事を含めた組織制度を新時代に合わせました。

現代なら、グーグルのような「新しい働き方で天才たちを吸収する企業」とも言えます。

才能があれば、常識知らずでもいっこうに構わない。

イノベーションの天才であれば、自由に仕事をする権限を与える。

新たな時代に、新しい世界観を持つ最強の軍団を創り上げた曹操。

彼が三国時代の、台風の目となったのも当然のことだったのです。

三国志の英雄ならどうする？
9

機能不全のものから離れる力が、成果を決定する

03

古きから離れることができずに滅んだ英雄たち

名門の血統と、兄への劣等感で滅んだ袁術

後漢で「四世三公」（4代にわたって高官の地位を得た）の名門だった袁氏の一人に、袁術という人物がいます。彼はすでに説明した袁紹の異母弟と言われています。兄の袁紹は妾の子であり、正妻の子の袁術は兄を嫌っていたようです。しかも快活な兄のほうが若い頃から評判が高いことを妬んでもいました。

袁紹と袁術は名門の一族として、強い権力と人望を持っていました。董卓が「ただ二袁児を殺せば天下は取れる」と言ったほどです。しかし、天下を狙う機会に袁兄弟は仲違いで分裂し、対立を深めます。

董卓の死から5年、197年に袁術は皇帝を名乗り、寿春を都とします。しかし実力もない袁術を、ほとんどの群雄は皇帝と認めませんでした。

彼を支えていたのは、四世三公の嫡子というプライドだけだったのです。

彼は、同じ名門の子弟をひいきにして戦果を挙げた将軍を軽視しました。

袁術が、約束した地位を与えなかったため、孫策は袁術から離れて独立します。

(孫策の離脱で、袁術は没落していきます)

三国志の英雄ならどうする? 10

名門や家柄を誇るだけでは、乱世で食べてはいけない

袁術は名門大学の卒業や親のコネを鼻にかけ、実務がまるで駄目な人物に似ています。競合に勝利してもいないのに、豪勢な生活を続けて財政は破綻。

皇帝の権威を最初に無視して、大陸全土を敵に回す。

あげく、実戦で成果を挙げた者を優遇せず、名門の血筋ばかり重視。

優れた将軍は彼から離れていき、軍団は瓦解します。

追い詰められて兄の袁紹に助けを求めますが、曹操に合流を阻まれて病死します。

古い後漢の統治法を模範とした袁紹《えんしょう》

兄の袁紹は、袁術の死（199年）以降も勢力を拡大していきます。199年には敵対していた公孫瓚を滅ぼし、河北の四州を支配します。

袁紹は袁家の長男として快活な性格で、青年期から周囲に人気がありました。しかし彼は乱世に必要な果敢な決断力に欠けていました。袁紹は曹操に敗れる前に、3つの好機を逃しています。

【袁紹の優柔不断を示す例】

○反董卓連合のトップになったが、董卓軍を怖れて出撃せず（曹操は果敢に戦った）
○曹操が皇帝を手に入れる前に、袁紹の参謀が同じことを進言したが決断できず
○曹操が徐州の劉備を攻めた時、留守を奇襲すべきと参謀が進言するも動かず

袁紹が奇襲を断念したのは、末っ子が病気にかかっていたからでした。
袁紹の軍師である田豊は、杖で地面を叩き、「かかる好機にめぐり合いながら、赤子の

病気ぐらいで、せっかくの機会を逃がすとは、ああ大勢は去った」（書籍『三国志』中公新書）と怒り嘆きました。

一方で、血統に奢り傲慢な袁術とは違う長所が彼にはありました。母が庶民の出であったためか、袁紹はよく人を敬い、他人の意見を尊重しました。そのため彼の周囲には当初、多くの名士が集まったのです。のちに曹操の配下で大活躍する荀彧や郭嘉も、最初は袁紹の下にいました。河北は武勇に優れた異民族が多く、基盤とすることは天下統一への王道だったのです。

袁紹は、ごく平和な時であれば優秀な上司になれた人物だったでしょう。しかし乱世には、ワンチャンスで大きく勢力が変動することがあります。人の良い彼は、名門の気風で人に好かれるも、優柔不断で好機を逃し続けます。変化の激しい時代に、先手必勝で皆を率いる上司に変身できなかったのです。時代遅れの後漢政治を模範としたことも、彼が乱世から消える原因となりました。

三国志の英雄ならどうする？11

平和時と乱世では、異なる統治法に切り替えるべし

戦闘に優れても、偏見を正せなかった公孫瓚《こうそんさん》

劉備が10代の半ばで、大学者の盧植の学舎で学んだことはすでに述べました。その時、先輩格として劉備と出会ったのが公孫瓚です。

彼は後漢滅亡の頃、北方の異民族との国境線付近に軍人として駐屯します。そこで果敢な攻撃により成果を挙げ、平定した異民族の兵も吸収して膨張。いつしか袁紹とも戦端を開くほどの勢力になり、南方の袁術と一時同盟を結びます。


彼の家系は有力豪族でしたが、母親の身分が低いため厚遇されませんでした。そのためか、北の国境付近で勢力を拡大しても、名門の人物を毛嫌いしました。名門出身の劉虞《りゅうぐ》という人物とは、常にいがみ合っていたほどです。

公孫瓚は、支配地域の名士の誰かが才能をみせると必ず足を引っ張りました。

借金を押し付けたりして、活躍の芽を潰していたのです。
「名士を優遇しても、かれらは自分の力によって高い地位に就いたと考え、自分への忠誠心を抱かないため」（書籍『三国志』中公新書）と考えたためでした。

このため、軍事的には成功を収めても、支配地域の統治は安定しませんでした。対立する劉虞を滅亡させるも、恨みを抱いた劉虞の旧家臣とも戦闘を強いられます。次第に支配基盤が不安定になる中、北方を狙う袁紹軍に敗北して処刑されてしまいます。彼は自らの生まれによる偏見を、高い地位を得ても変えなかったのです。

貧しかった劉備の同窓の公孫瓚も、決して裕福な青年ではなかったはずです。軍事的才能のある彼は、機会を見つけて果敢に戦い地位を得ました。しかし、生まれによる名門人士への偏見は、支配者となれば正すべき点でした。彼は輝かしい名門の者を常に軽蔑し、逆に名士たちから反発を受けます。彼が庶民のままなら、その偏見は何ら問題を生まなかったでしょう。しかし支配者として臨むとき、彼は古い偏見を捨て去る必要があったのです。

三国志の英雄ならどうする？ 12

地位の高さに応じて、不要な偏見は潔く捨てるべき

人は誰もが、古い習慣と生まれに束縛されている

人は過去に縛られているとよく言われます。
三国志の初期、一瞬の輝きで消えていった英雄たちも同じでした。
古い政治体制をいつまでも理想と考えることも、変化への対応力を奪いました。
もはや、輝いていた遠い過去は模範として機能しなかったからです。
名門のプライドが滅亡の原因となった袁術。
一方の公孫瓚は、庶民の出身による偏見が仇になりました。
人は生まれたときの環境やそれまでの生活で、様々な考えを身につけます。
しかし変化、乱世が始まる時代には、過去を捨てられないことが致命傷になるのです。

【消えていった英雄たちの敗因】
○時代の変化で捨てるべきプライドを捨てられなかった
○時代の変化で変えるべき指揮スタイルを捨てられなかった
○時代の変化で捨てるべき偏見を捨てられなかった

三国志の英雄たちを振り返って、現代の私たちは同じ過ちをしていないでしょうか。
過去の成功による無用なプライドが、謙虚な次の一歩を邪魔していないか。
ネットワーク時代に、適切な管理をして部下の熱意を引き出しているか。
新しい市場を見つけるべき時に、過去の重要顧客だけしか見ていないのではないか。
技術革新が続く現代で、古い時代の価値観をいまも大事に抱えていないか。

曹操、劉備、孫権など乱世に機会を得て時代を駆け上がっていった者たち。
歴史に一度は名を刻みながら、早期に舞台を降りざるを得なかった者たち。
その違いは、機能しない古きものから離れることができたか否かだったのです。

三国志の英雄ならどうする? 13

機能不全の過去を捨てた者は勝ち、捨てない者は敗北する

04

荀彧《じゅんいく》、諸葛亮《しょかつりょう》、周瑜《しゅうゆ》、3人の天才軍師の共通点

曹操を天下人にした名参謀、荀彧の人生

三国志を知る方が、必ず覚える軍師がいます。
荀彧、諸葛孔明、周瑜の3人です。
彼らはそれぞれ曹操、劉備、孫権の軍師（参謀）となった天才でした。
荀彧は163年に名家の一族に生を受けます。
祖父は高名な官僚であり、父も政治家として地位を得ています。
荀彧は若い頃から「王佐の才」を持つと言われるほど優秀でした。

一時は推挙されて官僚となるも、董卓の乱による危険を避けるため帰郷。
故郷の人たちに危険を伝えるも動かず、荀彧は一族のみ連れて避難します。
（彼の予想は当たり、そのあとに故郷は戦闘で蹂躙された）

兄や同郷の優秀な人物が先に袁紹に仕えていたため、袁紹の配下となります。
しかし袁紹には天下を手にする力はないと判断して離脱。
曹操の元に赴き、曹操は天下を取るための参謀を手に入れたと喜びます。
董卓の時代から曹操に仕えて、荀彧は覇業を果たす右腕となっていきます。
特に荀彧の提案で、後漢の献帝を迎え入れたことは曹操の転機となりました。
皇帝の権威を盾に、自らの権力を拡大できるようになったからです。
荀彧の若い頃の選択を見ると、２つの決断が分かります。

○危機を予測し、それを避ける行動をためらわないこと
○次の時代を創る人物（流れ）を見極めて受け入れること

王佐の才を持つ荀彧は、危険を予測して必ず事前に離れています。
しかしそれだけではない点に注目すべきです。

彼は危機を避けた後、次の時代を創る人物を意識して取り込んでいるのです。

袁紹に一時仕えたのは、兄などの影響という意味で受け身の選択でした。

しかし荀彧はすぐに袁紹に見切りをつけて、曹操という才能に自分をゆだねます。

王佐の才は、危機を避けながら、新時代の流れに見事に飛び乗ったのです。

乱世では、危機を避けるだけでは大きく飛躍はできません。

名家で突出した才能を持つ荀彧も、避難するだけでは無名で一生を終えたでしょう。

新たな時代を創る人物を、自らの才能の中に受け入れる発想があったこと。

それこそが荀彧を、本当の「王佐の才」に押し上げたのです。

三国志の英雄ならどうする？ 14

乱世の危険を避けながら、新時代の波を自ら取り込む

戦乱を避けるため、南方に避難していた諸葛孔明

のちに天下三分の計を発案したことで名高い諸葛孔明。
彼はもともと現在の山東省《さんとうしょう》（北京の南方）で181年に生まれます。
父は幼い頃（孔明が6歳前後）に死去、叔父の諸葛玄に弟と共に育てられます。
しかしその叔父も、孔明が16歳前後の時に死去。

そのため諸葛兄弟は、荊州（大陸の中央部）で若い頃を過ごします。
荊州の名士である司馬徽などに師事し、次第にその才能で名を知られていきます。
「晴耕雨読《せいこううどく》」とは、晴れた日に農作業をして、雨の日に学問をすることを意味します。
孔明はそのような生活を続けながら、自らの才能を預ける機会を待っていました。
自らを管仲、楽毅（歴史に名高い名宰相と名将軍）に例える自信を抱えながらです。

孔明が27歳のとき、ついに自らの才能を乗せる流れに出会います。
袁紹の別働隊だった劉備が、袁紹軍の壊滅で荊州に身を寄せたからです。
劉備は201年に荊州に落ちのび、7年後にようやく孔明と出会います。

後漢で名門を誇る袁家の者は滅んだ

周瑜《しゅうゆ》や荀彧《じゅんいく》は、新たな機会(君主や軍団)と自らを融合させ飛躍した

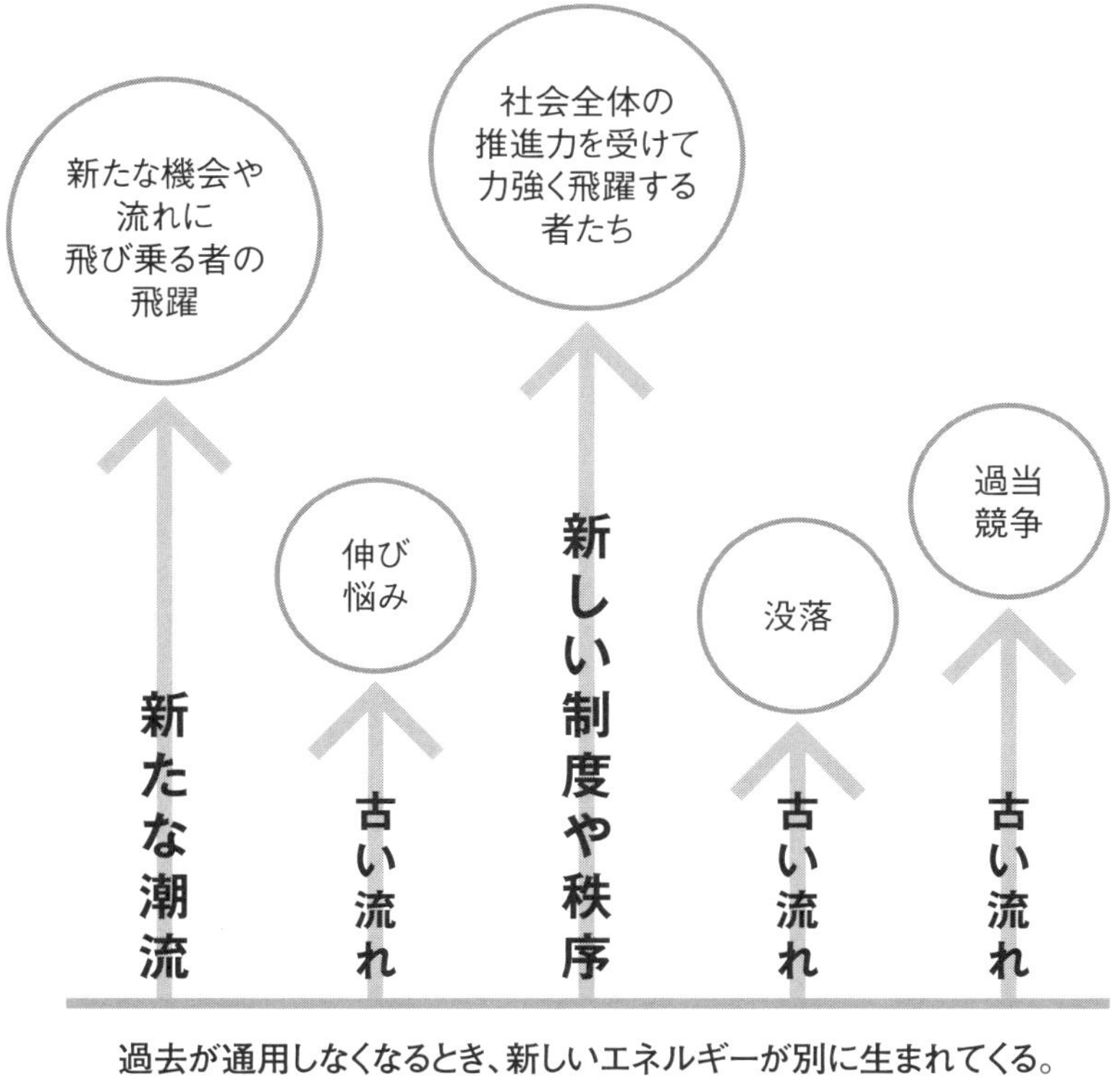

過去が通用しなくなるとき、新しいエネルギーが別に生まれてくる。
新たな時代を支配する力を見つけて、
それを自分と融合させる者が飛躍する

諸葛氏は山東の名家であり、兄の諸葛瑾《しょかつきん》は既に呉で重用されていました。
劉備は孔明を三顧の礼で迎えます。

王佐の才を持つ荀彧と異なる点は、孔明が極めて小さな船に乗ったことです。
自らは名門であり魏でも呉でも採用されたらそれなりに出世できたはずです。
しかし彼は、中華大陸をひっくり返すようなチャンスを狙っていたのでしょう。
流浪を続けて根拠地もない将軍劉備に、27歳まで晴耕雨読を続けた青年孔明。
二人はお互いに、強く結びつく必要性があったのです。

彼ほどの才能でも、田舎暮らしから出なければ、時代の中に埋もれて消えたでしょう。
孔明は自らの才能と何を掛け合わせるか、じっくり考慮していたはずです。
劉備の軍団には未だ優れた軍師・参謀がいないことも重要でした。
彼が参入すれば、どの陣営よりも重宝されるに違いないからです。
自らが飛躍の鍵になると信じて、小さなベンチャー企業に飛び込むようなものです。
彼が劉備たちと共に、歴史の舞台を駆け上がったとき何が起こったか。
一つの帝国である蜀の宰相となり、歴史に永遠に名を刻む偉人となったのです。

三国志の英雄ならどうする？ 15

自分の価値が最大化できる、新たな機会と融合せよ

江東で飛び抜けた名門、周氏の英才だった周瑜

兄孫策と、弟である孫権に仕えた軍師の周瑜。
彼は175年に揚州《ようしゅう》（南方）で生まれています。
彼の家は「二世三公」（二代にわたって政府高官を輩出した）南方の名家でした。
彼の従祖父の周景は、その部下にあの荀彧の父も含まれるほどの人物です。

周瑜は名門の生まれとして不自由ない幼少期を過ごします。
音楽の才能があり、貴公子の風貌をたたえた美男子として。
しかし後漢滅亡の争乱の中で、名門周氏も変革の必要に迫られます。

「揚州に名声を持つ周氏は、揚州への規制力を維持するために、武力を持つ新興の孫氏と

結合することは有利である。武力だけに頼って台頭した新興の孫氏にとって、周氏の持つ名声は、覇権の確立に大きな役割を果たす」（書籍『三国志』中公新書）

190年、孫権の父孫堅が董卓討伐の軍を挙げたとき、孫策と周瑜は知り合います。（孫策と周瑜は同じ16歳であり、孫堅が家族を移住させた結果出会った）

孫策と周瑜は、絶世の美女と言われた姉妹を妻にして、義理の兄弟となります。

注目したいのは、揚州の名門で何不自由なく育った周瑜の選択です。彼も乱世の中で、新たな勢力と自ら望んで融合しています。それは名門名家が持たない、武力という新たな力を取り込むためです。そうしなければ、周氏もその繁栄を保てないと判断したのでしょう。のちに赤壁の戦いで南下した曹操軍を周瑜は撃破、江南の秩序を守っています。

時代の転換点は、様々な難題をその時の人々に提示します。どれほどのお金持ち、有名な名家でも古いままでは没落する危険があるのです。「新しい時代を支配する力は何か？」。これは常に問いかけるべき質問です。周瑜と周氏は、恐らくこの質問の答えを孫策の武力に見出したのではないでしょうか。

後漢帝国という古い軍事力は、すでに崩壊していたからです。
現代ビジネスでも、この問いは同じように重要な意味を持ちます。
次の数年、どんなニーズ（力）が社会を支配するのか。
次の数年、どんな技術（力）がビジネスを有利に導くのか。
その答えを見つけて積極的に力と融合し、新時代の道を切り拓くべきなのです。

三国志の英雄ならどうする？
16

新しい時代を支配する力とは何か、常に問うべし

三国志の天才軍師たちは、時代の転換点で新たな力を探していた

荀彧、諸葛亮、周瑜はそれぞれ名門名家の出身で才能にも恵まれました。
しかし彼らほどの人物でも、時代の転換点で変わらずにはいられなかったのです。
一番注目すべきは、彼らが自分の力だけでは歴史の表舞台に出られなかったことです。

優れた戦略家である3名は、自分と結びつける新たな力を探しました。
荀彧は曹操を選び、諸葛亮は劉備を選び、周瑜は孫策と孫権を選んだのです。
リスクを嫌いながら、大きなことを狙うのが軍師タイプの特徴です。

現代ビジネスでも、転換点と呼ばれる時期には人々のニーズは大きく変わります。
人の嗜好が変わり、欲しいものが変わり、過去のヒット商品が売れなくなる。
そのような時、自社のビジネスとどんな新しい力を結びつけるべきなのか。
どのような魅力やニーズ、傾向と自社の製品を結びつけるべきなのか。
時代は転換していき、名家も単独ではすべての変化を乗り越えることはできない。
だからこそ天才軍師たちは、時代を切り拓く新たな力を探したのです。

三国志の英雄ならどうする？ 17

過去が通用しないとき、自分を新たな力と結びつけよ

第二章

三国志、一瞬の輝きで消えた人の「失敗の本質」

05

三国志、一瞬の輝きで消えた人の「失敗の本質」

反董卓連合の14名のうち、12名はなぜ生き残れなかったのか

暴虐《ぼうぎゃく》な董卓に対抗するため、190年1月に反董卓連合が結成されます。反董卓連合14名の有力者。彼らのその後を確認してみましょう。

【反董卓連合の中心人物14名】

○孔伷（こうちゅう）　190年前後没
○橋瑁（きょうぼう）　191年没
○孫堅（そんけん）　192年没　＊長子の孫策は200年没

○劉岱（りゅうたい）　192年没
○鮑信（ほうしん）　192年没
○王匡（おうきょう）　192年没
○韓馥（かんふく）　193年没
○劉虞（りゅうぐ）　195年没
○張邈（ちょうばく）195年没
○袁遺（えんい）194年前後没
○袁遺（えんい）　199年没
○袁術（えんじゅつ）　202年没　＊曹操ははじめ袁紹の仲間だった
○袁紹（えんしょう）　208年没
○劉表（りゅうひょう）　220年没
○曹操（そうそう）

曹操と孫堅の家系（彼の子供が孫策と孫権）は生き残り繁栄しました。
ほかの12名はなぜ没落し、歴史の中から消えていったのでしょうか。
曹操本人と孫堅の子孫だけが、どうして14名のレースから抜け出せたのか。
孔伷という人物は、董卓の名士登用策で地位を与えられた人物です。
知識人でしたが、軍事が苦手で190年前後には死去しています（詳細は不明）。

次に亡くなったのは、橋瑁という人物です。
彼は地方の軍事司令官として、宦官成敗のため呼ばれた軍勢の一つでした。
しかし何進と宦官が共に滅んだため、董卓が政権を掌握。
橋瑁はそれに憤り、政府の高官の名前を偽り全国に反董卓連合を呼びかけます。
袁紹、曹操をはじめ13名の有力者がこの呼びかけに応えて連合軍を結成したのです。
(三国志演義では、曹操が檄文を書いたことになっている)

橋瑁は、反董卓連合で集まっていた劉岱と険悪な関係となります。
連合は董卓を怖れて、集合しても宴会ばかり開いて突撃しませんでした。
唯一、曹操と孫堅、そして彼らに説得された鮑信が董卓軍と戦闘しますが敗れます。

連合軍は滞留するだけで、兵糧に困りはじめます。
橋瑁は、劉岱から食糧の融通を頼まれて断ったことで恨みを買ったとも言われます。
しかし険悪な関係となった相手と、距離を取らなかったことは致命的でした。
橋瑁が劉岱に殺されて連合も解散、初期に天下取りレースから脱落したのです。

三国志の英雄ならどうする？ 18

言葉しか扱えない人物、危機から離れない者は消える

勇猛でチャンスに強い孫堅《そんけん》、しかし軽はずみな行動で消える

曹操と孫堅は、反董卓連合の中でも機会を重視する武将でした。

他の有力者が董卓を怖れて戦わない中で、果敢に戦闘をしたからです。

董卓が暴政で広く憎まれていた社会的な流れを読んでのことでしょう。

しかし、曹操軍は董卓の部隊に敗れて曹操の配下の鮑信は弟を戦死させてしまいます。

孫堅はもともと機転が利き、飛び抜けて勇敢な人物でした。

17歳のころには、たった一人で海賊退治をしたこともあります。

曹操が敗退したあとも、孫堅の軍は董卓と戦い相手を追い詰めていきました。

しかし翌年、袁術の命令で劉表を攻めた時、敵の伏兵にあって戦死します（享年37歳）。

「呂公が東門から出ると、それに気づいた孫堅は、急いで馬に乗り、諸将にも知らせず、三十騎あまりを率いて追撃した。峴山まで追ったところ、山上から大石が落とされ、林から矢が一斉に放たれる」（書籍『三国志』中公新書）

呂公は、劉表が袁紹に援軍を求めるための使者でした。

その使者が出ていくところを見せて、孫堅の追撃を誘ったのです。

孫堅は、目の前の光景に敏感に反応したのでしょう。

しかし軽率すぎる行動だったため、乱世の英雄として台頭する前に消えてしまいます。

三国志の英雄ならどうする？ 19

チャンスに強い人物も、軽率に過ぎれば滅亡を招く

192年に死去した4名、劉岱《りゅうたい》・鮑信《ほうしん》・王匡《おうきょう》・韓馥《かんふく》

192年の春に董卓が呂布に裏切られて死亡。

本格的な乱世が始まり、次の時代への群雄の動きも活発になります。

劉岱は漢の王室の血筋の人物でした。

黄巾軍の大部隊に囲まれたとき、籠城せずに出撃したために戦死。

鮑信は敵が大軍であることを理由に無謀を戒めますが、劉岱は聞き入れませんでした。

(次にこの地域の黄巾軍を破った曹操が劉岱の支配地を占領した)

鮑信は、曹操の配下として黄巾軍を討伐したときに、偵察部隊として曹操と出撃。

ところが敵の不意打ちで、少数の部隊で黄巾軍と遭遇してしまいます。

鮑信は奮戦して曹操を逃がすことに成功するも、自身は戦死。

王匡は漢帝国の軍事物資の補給を担当していましたが、反董卓連合に参加。

王匡の軍は董卓と戦い、ほとんど全滅の憂き目にあっています。

反董卓連合に、董卓の使者がやってきましたが、それは王匡の娘婿でした。

しかし袁紹の命令でやむなく王匡はその使者を殺します。

結果、娘婿の遺族に恨みを買い、そのために王匡も殺されてしまいます。

韓馥は董卓が政権を握ったとき、推挙されて地位を得た人物です。現在の河北省に近い地域を基盤とした行政官でした。橋瑁の書いた反董卓の檄文に「どちらに付くべきか」悩んだ優柔不断な人物でした。

韓馥は軍事的判断力も決断もできない人物でした。袁紹にそこを付け込まれて、北方の公孫瓚と挟み撃ちの形にされます。その上で、袁紹は韓馥の部下を多数寝返らせて領土を譲るように恫喝します。支配地域は広く、戦力も十分あるのに、心の弱い韓馥は領地を袁紹に渡します。配下の武将は戦力に勝ることで戦うべきと主張しますが、韓馥は聞き入れませんでした。その後、形だけの地位を袁紹陣営で与えられますが、暗殺を恐れて自殺します。

乱世の始まりと同時に命を落とした者に共通するものはなんでしょうか。それはリスクと向き合い、危険を管理する方法をまるで知らなかったことです。

【乱世の最初に命を落とした者の共通点】

○無謀すぎる行動や人の助言を聞かないこと
○恨みを受けても身を守らないこと

当たり前のリスク管理、
当たり前の決断さえできない者は
飛躍する以前に足を掬われて消えていく

危機を知っても
離れず滅んだ者
【橋瑁《きょうぼう》】

チャンスに強いが
軽率さで滅んだ者
【孫堅《そんけん》】

無謀すぎて
滅んだ者
【劉岱《りゅうたい》】

自分が受けた
恨みに鈍感で
滅んだ者
【王匡《おうきょう》】

優柔不断が過ぎて
滅んだ者
【韓馥《かんふく》】

○優柔不断で心が弱く、必要な瞬間に決断できないこと

彼らの多くは、後漢の滅亡時に名士だったり知識人だったりしました。そのために地位を得たのですが、乱世は違う時代であることに気づきませんでした。政権が安定した時代と同じように考え、リスクや危険を過小評価したのです。

鮑信については、曹操の配下で黄巾軍と戦い、曹操を助けることで敗死しています。曹操の幸運とも言えますし、鮑信が曹操の将来性と義理堅さに賭けたとも考えられます。曹操は鮑信の死を深く悲しみ、彼の息子たちをしかるべき地位に就けました。鮑信は、曹操が忠誠に報いる人物だと理解していたのでしょう。冷酷な人物として描かれることが多い曹操ですが、彼は義を常に重視しています。そのため、鮑信以外にも命を捨てて曹操を守る勇士が何人も出現することになります。

三国志の英雄ならどうする？ 20

無謀すぎる、恨みに鈍感、優柔不断は没落への道

曹操と孫堅、二人の部下掌握術について

反董卓連合の14人のうち、ほぼ半数の解説を終えました。

なかでも曹操と孫堅は、人に対する接し方が他の者とは異なることがわかります。

彼らは本当に、配下の武将たちを惹きつける関係性を保っていたからです。

孫堅が死去したあと、程普《ていふ》、韓当《かんとう》、朱治《しゅち》などの武将は孫策と孫権に変わらぬ忠誠を誓い、一部は劉備が蜀の皇帝となった後の戦いでも戦果を挙げています。

彼らは、若き頃に孫堅をトップとして彼と同じ夢を見たのではないでしょうか。

その上で、孫氏の血筋にその夢を託して忠誠を誓い、戦い続けたのです。

兵法を深く研究した戦略家の曹操は、孫堅よりややドライに感じます。

しかし曹操も、計算した振る舞いであっても武将の忠誠に必ず報いる義理がありました。

のちに典韋《てんい》という武人が曹操を守って壮絶な戦死をしたとき、曹操は涙を流します。

彼の墓をつくり、曹操は丁寧に弔ったのです。

人はその価値を認めてくれる人のために全力を尽くすと言われます。

曹操は才ある者を愛し、武人の忠誠を愛したからこそ部下から敬愛されたのです。

現代ビジネスでは、冷たい労使関係がまん延しているように報道されることがあります。しかし、人間関係を最大の武器にして成長している企業も少なくないのです。

部下の才能を愛すること、成果にきちんと報いることで全力を引き出すこと。

乱世に台頭する組織のトップは、優れた人材を巻き込み夢を掲げる力を持つのです。


三国志の英雄ならどうする？

21

凡将は駒として部下を集め、英雄は熱き同志を集める

06

リスク判断から、組織管理へ移行する中間期

初期を乗り越えたら、組織マネジメントで差がつく

190年に集まった反董卓連合の英雄候補たち、その後編を続けます。

○劉虞（りゅうぐ）　193年没
○張邈（ちょうばく）　195年没
○袁遺（えんい）　194年前後没
○袁術（えんじゅつ）　199年没
○袁紹（えんしょう）　202年没　＊曹操はじめ袁紹の仲間だった
○劉表（りゅうひょう）　208年没

○曹操（そうそう）　220年没

劉虞は漢王室につながる血筋で、北方の異民族地域の管理官となります。
彼は徳による統治により多くの異民族を服属させています。
（187年の反乱では、劉虞が派遣されて異民族は戦わずに降服したほど）

董卓により政治が乱れた頃、同じ地域を統治する部下の公孫瓚と対立。
公孫瓚は異民族を討伐すべきと考え、劉虞の融和策とは逆の立場でした。
さらに公孫瓚は袁紹軍と戦い軍を消耗させたので、劉虞は補給を制限。
公孫瓚は怒り、劉虞が異民族に与えていた物資を奪うなど両者は完全に対立。

上司の劉虞は、公孫瓚打倒へ軍を準備しますが、情報が洩れて公孫瓚は備えを強化。
公孫瓚は民衆を盾に使い卑怯な戦術を展開、君子の劉虞はこれを破れず敗北します。
公孫瓚は、「皇帝を僭称《せんしょう》した罪」をかぶせて劉虞を処刑。
しかし劉虞を慕う部下たちは戦闘を継続、公孫瓚も199年に滅びます。

劉虞の失敗は、軍事指揮が得意な公孫瓚を自らの軍だけで攻めたことです。

公孫瓚は劉備と若い頃同窓で、ある意味で下層からの成り上がりです。

ゲリラ戦などを得意としており、成り上がりの彼は乱世を求めていたはずです。

戦闘がなくなれば、名門でもない彼は出世の道が狭まるからです。

戦争を好み、実戦指揮が得意な相手を、清廉な君子が攻めるのは不利です。


一方で、劉虞には公孫瓚にはない強い武器がありました。

漢王朝の家系と、清廉潔白な名士としての広い人望です。

彼は袁紹が一時、皇帝に推戴すべしと考えたほどの人物だったのです。

その声望で、軍事指揮が得意な曹操や他の陣営と同盟を結んで公孫瓚を攻めたならば。

命を危険にさらすことなく、公孫瓚を簡単に打ち破れたはずなのです。


劉虞は自らの武器がありながら、最大限活かす方法を間違えました。

成り上がりの戦争好きと、名士の彼が直接対決する必要はなかったのです。

皇族につながる血筋と広い人望で勝負したならば、公孫瓚は逆立ちしてもかないません。

勝負の結果も全く違うものとなっていたでしょう。

三国志の英雄ならどうする？22

敵の得意分野ではなく、こちらの優位な領域で戦う

そそのかされて、曹操との友情を捨てた張邈《ちょうばく》

張邈は若い頃、猛勉強した人物で任侠の気概があり、多くの知人を持っていました。当時は曹操も袁紹も彼の友人だったのです。

董卓が政権を奪うと、彼は名士登用策に乗って地位を得ます。

しかし反董卓の連合軍で、曹操とともに真っ先に兵を挙げました。

宴会ばかりしていた連合軍の中で、張邈は曹操の戦闘の誘いに同意して部下を派遣。張邈が派遣した部下は、戦闘で曹操を守って戦死します。

反董卓連合の中で、袁紹が傲慢になり、張邈が戒めたことがありました。

これに怒った袁紹は、曹操に張邈を殺させようとしますが、曹操は反論します。

「孟卓は親友である。彼がする良い事も悪い事も私は容認するつもりでいる。今は天下は定まらず、内輪揉めするのはよくない」（書籍『正史三國志群雄銘銘傳』）＊孟卓は張邈のあざな

193年に、父の仇を討つため曹操は徐州《じょしゅう》に進軍します。

その際、家族に「自分が帰らなければ孟卓を頼るがいい」と言ったほどでした。

ところが張邈は、袁紹に恨まれたことで曹操が裏切るのではないかと疑います。

当時は袁紹の勢力が大きく、曹操は弱小でその命令を無視できなかったからです。

そこに目を付けたのが、策士の陳宮です。

陳宮はもともと曹操の味方でしたが、呂布を抱き込み曹操を裏切ります。

そのために、張邈に声を掛け謀反を誘います。

「ただ剣を把《と》って辺りを見回すだけで十分英雄として通るのに、かえって他人に制せられているのは、自分を軽んじた態度ではありませんか。今、兗州《えんしゅう》の軍は東征していてがら空きになっています」（書籍『正史三國志群雄銘銘傳』）

この陳宮の言葉で、盟友とも言うべき曹操を張邈は裏切ります。

兗州のほとんどは占領され、曹操軍は荀彧・夏侯惇・程昱《ていいく》の守る城だけが残ります。

しかし1年ほどで曹操が呂布を撃破、張遼は敗走し、逃亡先で部下に殺されます。

よく考えると、張遼の謀反は筋が通りません。

もともと、彼は袁紹の恨みを怖れていただけで、曹操に敵意も恨みもないからです。

彼を間違えさせたのは、不安を放置しておいたことによる心労です。

「そもそも何がやりたかったのか？」を考える力を、不安による心労で奪われたのです。

甘言を使った陳宮は、張遼の望みをかなえる策を立てたわけではありません。

敵とする曹操を困らせて殲滅するため、自らのために策を立てたのです。

少し考えれば、張遼は利用されているに過ぎないことがわかります。

張遼はもともと「袁紹の恨みを避け、曹操との友情を大切にする」ことが望みのはずです。

ところが、危険から離れないことで不安が募り、張遼は正反対なことに突っ走ります。

不安が続いて視野が狭くなり、自ら大切なものを破壊し敗北したのです。

三国志の英雄ならどうする？ 23

不安で思考を濁らせず、最初の目的を思い出す

乱世に一族で潰し合った袁氏の悲惨な末路

袁遺は袁紹の従兄とされる人物ですが、あまり記録は残っていません。
袁紹たちが反董卓連合として挙兵したとき、彼も参加しています。
のちに袁紹から揚州の長官に任命されますが、同じ地位を袁術と争い敗北。
逃げる途中で部下の裏切りにあって殺されます。

袁紹と争った弟の袁術は、もともと皇帝になる野心を持っていたようです。
そのため、兄の袁紹と対立して袁氏の勢力を分断してしまい大敗を喫します。

現代ビジネスでも会社の経営権を巡って親が子を、子が親を訴えることがあります。

兄弟ゲンカで会社を分割した有名な例はダスラー兄弟でしょう。
仲良く靴工場を経営していた兄弟は仲違いして、弟アドルフはアディダスを設立。
兄のルドルフはプーマを設立して今日に至ります。

家族、兄弟が会社を含めた権力を継承する時は「権力の事前分散」が効果的とされます。

袁紹、袁術、袁遺が活躍する前の代が、権力の分散を適切に決めていたら……。

袁家は後漢崩壊後、間違いなく最大勢力となっていたのです。

三国志の英雄ならどうする? 24

継承は、兄弟間で争わないよう権力分散をしておく

荊州《けいしゅう》を手に入れたあとの、未来図がなかった劉表

劉表は後漢の末期に荊州の長官に任命されます。

しかし実際には漢帝国の支配力は崩壊しており、地方ゲリラが跋扈《ばっこ》していました。

彼は単身で任地に行き、地域の有力者の協力を得てゲリラ打倒の策を練ります。

地方ゲリラのリーダー格55名を利益で誘い出し、彼らを皆殺しにしたのです。

その上で、手下の兵を奪い、彼らを軍兵に組み込みます。

190年、召集された反董卓連合に参加。
しかし袁紹と同盟を結んだことで、兄を嫌う袁術と敵対します。
袁術は配下の孫堅に劉表を攻めさせますが、劉表軍は孫堅を敗死させます。
董卓が敗れると、部下の張済《ちょうさい》が荊州に攻め込みますが、流れ矢に当たり張済は死去。
「彼と戦ったのは自分の本意ではないから、弔辞は受けても祝辞は受けぬ」
劉表のこの言葉に感じ入り、残された張済の軍は劉表の配下となります。
劉表はさらに、荊州に残る小軍閥を鎮圧して平定していきます。

このように、劉表にはある程度の軍事的才覚と仁徳があったことがわかります。
また呂布や曹操、公孫瓚が争う北部に比べ、劉表の荊州は比較的平和でした。
劉表は学校を開き、知識人を求めたので名士が多数移住してきます。
(その中の一人が諸葛亮だった)

しかし劉表の活躍はそこまでで終わり、乱世を迎えて優柔不断となります。
199年、袁紹と曹操が雌雄を決する官渡の戦いで袁紹は劉表に援軍を要請。
劉表は援軍を承諾しながら、軍を派遣せずぐずぐずしていました。

煮え切らない劉表は部下たちに次のように指摘されます。

「将軍が大事を成す気持ちであるなら、立ちあがって曹操と袁紹の疲弊につけこむべきであり、そうでなければどちらかに味方すべきです。どちらが勝っても、このままでは将軍に恨みが集中します」（書籍『正史三國志群雄銘銘傳』）

208年には曹操が荊州への攻撃を決定。

曹操軍が到着する前に、劉表は病没。後継者の劉琮《りゅうそう》はやがて曹操に降服。

この降服は劉表の部下の蔡瑁《さいぼう》・蒯越《かいえつ》たちの強い説得で成し遂げられました。

劉琮は曹操陣営で一定の地位を得たので、不幸な人生とは言えません。

しかし劉表は豊かな地域を支配して、曹操の背後を襲う絶好の場所にいました。

彼がその優位性を最大限活用してできたはずのことに比べると、寂しい最後と言えるでしょう。

劉表は軍事に比較的優れて、人望があり知識人も集めました。

しかし乱世に合わせたビジョン（未来図）を持たず、決断できずに消えていったのです。

三国志の英雄ならどうする? 25

新時代に合わせて、次の大きな未来図を設計しておく

07

なぜ、曹操だけが生き残ることができたのか？

失敗を最小限にとどめた曹操の力

190年、反董卓連合として集まった有力者たち。
当時、曹操はまだ袁紹の配下と認識されていました。
しかし最後まで生き残り、覇権を手にしたのは彼でした。
なぜ、曹操は過酷なレースを生き延びて勝者となれたのでしょうか。
初期の何名かは、自滅とも呼ぶべき状況で落命しました。
しかしそれは乱世を歩み始めた者全員に降りかかる運命です。
その運命を払いのけることができた曹操は、何を持っていたのでしょうか。

袁氏の兄弟を滅ぼす200年頃までに、曹操は少なくとも3回命の危険を感じています。
（200年までに14名中11名の有力者がすでにこの世を去っていた）

【曹操初期の危うい瞬間】
〇190年、董卓軍と積極的に戦って敗れたとき
〇194年、曹操の出征中に張邈・呂布・陳宮が反乱したとき
〇197年、張繍《ちょうしゅう》を降服させたが恨みを買って奇襲されたとき

190年、反董卓連合は集まっても董卓を怖れて動きませんでした。
曹操は今が好機とみて戦いますが、董卓配下の徐栄《じょえい》に大敗します。
出撃した鮑信は負傷、彼の弟は戦死、張邈が派遣した部下も曹操を守り戦死します。
完全な負け戦の中で、彼は周囲が命を賭けて守ってくれたことで助かりました。

2回目の194年は、曹操が徐州へ遠征に向かった留守を狙われました。
留守を預かっていた荀彧は、武将の夏侯惇を呼び城内の反乱分子をまず一掃。
荀彧はさらに、有能な程昱を派遣して支配地の防備を固めさせ、敵軍を防ぎます。
結果、この3名（とくに荀彧）の働きで曹操は根拠地を失わずに済んだのです。

三国志の英雄ならどうする？26

優れた人材に惚れた曹操は、偉才たちに惚れ返された

197年は、一度は降服した張繍の奇襲を受けて曹操が長男まで失ったときです。

曹操は敵の降服で安心したのか、張繍の叔父の妻（未亡人）を妾にします。

そのことに恨みを持ち、一度は降服した張繍が曹操の軍勢を奇襲したのです。

（この策略を張繍に提案したのが、軍師の賈詡《かく》）

曹操は実子の曹昂《そうこう》を失い、絶大な信頼を寄せていた武将の典韋《てんい》も失います。

典韋は部下十数名とともに鬼神の働きで曹操の逃亡を助け、やがて全滅します。

3つは、いずれも絶体絶命に近い危機でした。

曹操の部下が「この程度でいいだろう」と思えば彼の命は消えていたのです。

しかし、先に述べた曹操の周囲は、死線を越えて曹操への忠誠を果たします。

彼らにとって、曹操は命を賭けて守る価値のある主君だったのでしょう。

曹操は優れた才能を持つ人物に、とことん惚れ込んだと言われています。

その上で、鉄壁の信頼を部下と創ることができたのが曹操だったのです。

董卓との戦いで敗れるも、後漢を守る人物として名を高める

曹操が190年に、董卓の軍と勇戦して敗北したことは既に述べました。戦闘は大敗でしたが、宴会ばかりしていた有力者に比べて曹操は名を高めました。曹操の勇敢さは、崩れゆく後漢帝国に共感を持つ全国の名士たちの心を捉えたのです。(同じく勇戦した孫堅も名を高めた)

曹操にはこの戦いは売名行為という認識はなかったかもしれません。しかし董卓の暴虐な政治を広く社会が恨むなか、彼の行動は光り輝いたのです。反董卓連合の盟主だった袁紹は、仲間割れに近いことをしていたのですから。袁紹に失望して曹操陣営に入った荀彧は、曹操の長所を4点挙げています。

【名参謀の荀彧が挙げた曹操の長所】

- 適材適所 (袁紹は部下を疑ってばかり)
- 決断力に富む (袁紹は優柔不断で機会を逃す)
- 信賞必罰で兵士が死ぬ気で戦う (袁紹は軍令を正しく浸透させない)

・質素に振る舞い、功績を挙げた者に称賛を惜しまない（袁紹は自分の評判ばかり）

袁紹は天下分け目の董卓との戦闘で、相手を怖れて出撃せず名声を損ないます。14の軍閥を一致団結させて率いれば、勝率は高かったのにです。董卓打倒を強く願っていた世論は、袁紹に落胆したはずです。

その一方、曹操と孫堅の勇気と決断力、行動力に評価が集まりました。勇気を持ち飛び込む者がいれば、尻込みする者の間抜けさは引き立ちます。別の表現をするなら、人が尻込みする場面は、飛び込む者には絶好の機会なのです。

三国志の英雄ならどうする？27

人が尻込みする場面は、飛び込む者にチャンスとなる

自分が人材を愛することを、計画的に広めていた曹操

張邈は陳宮にそそのかされて曹操に反抗しますが、結局は敗走します。

陳宮と同じ陣営だった呂布は、敗戦で徐州の劉備のもとに逃げ込みます。

呂布を受け入れた劉備は、やがて裏切られて徐州を奪われます。

その上で呂布が攻めてきたので、曹操陣営に劉備は逃げ込みました。

才能ある人材を愛する曹操は、劉備が自軍に来たことを喜びます。

曹操は礼を尽くし、出かけるときは同じ車、座るときは同じ席としたほどです。

参謀の程昱は劉備の英雄性を見抜き、曹操に劉備を殺すべきだと進言します。

袁紹と雌雄を決する前の曹操は、次のように答えました。

「今は英雄を手許に集める時だ。一人を殺して天下の人々の心を失ってはならぬ」（書籍『正史三國志群雄銘銘傳』）

曹操が英雄を集めることを強く意識していたことがわかります。

彼は自軍が「英雄たちが身を寄せたくなる場所」になるよう仕向けていたのです。

２１０年、曹操は有名な唯才令を布告します。

「廉潔な人物ではなく、陳平（前漢の劉邦の功臣）のように兄嫁と密通し、賄賂を受け取る者であっても、唯才能だけを基準として人材を登用する」（書籍『三国志』中公新書）

唯才令は赤壁の敗北から2年後に布告されています。

曹操は弱小勢力から王者となっても、常に人材を求めて止まなかったのです。

三国志の英雄ならどうする？ 28

周到な自己演出で、偉才が参加したくなる組織にせよ

人は追い求め続けるモノによって、繁栄する長さが決まる

人は自らが追い求め続けるモノにより、運命が決まります。

身の安泰を第一に考えた韓馥は、それが通用する時期まで生きのびました。

豪勇の武将呂布は、裏切りが通用する時期まで快進撃を続けました。

(最後は曹操に降服するも許されず、斬首されて道は消えた)

張邈は一時の安心を求めたために、曹操との友情を裏切り滅亡しました。
乱世の始まる190年から20年間、曹操は脱落者を尻目に成長を続けます。
彼が優れた人材を愛して、我が手に「追い求め続けた」からです。

曹操を襲撃する機会を、赤子の健康状態を理由に諦めた袁紹。
平和な時代なら彼はよき父です。しかし乱世に彼のような人物は通用しませんでした。
袁紹陣営は、櫛の歯が欠けるように優れた人材が離れていきます。
名士、名参謀の多くは曹操陣営に駆け込み重宝されました。
曹操に天下を取らせた参謀の荀彧は、一度は袁紹の配下でした。

曹操の初期の軍事的成功を支えた程昱は、劉岱から何度も仕官に誘われます。
劉岱の依頼を何度も断りながら、曹操の召集に程昱はすぐに応えます。
なぜ劉岱を断りながら、曹操には簡単に仕えたのか?
郷里の人が質問したとき、程昱は笑って答えなかったそうです。
彼のような偉才から見れば、曹操陣営の魅力は答えるまでもないものだったのです。

三国志の英雄ならどうする？
29

天才を集めて活かす、この一点で曹操は生き残った

08

突出した才能を「使いこなす」曹操の技術

どんなに優秀な人材でも、個人のわがままは許さない

これまで曹操の良い面を述べてきました。
彼が優れた人材を熱烈に求めて自軍を強くしたことです。
しかし、優秀な人物を組織に取り込み続けるとある問題が起こります。
突出した個人に振り回されてしまうリスクです。

現代でも大企業内で不正行為をするのは、多くが優秀な人物です。
彼や彼女に全面的に任せて、仕事がブラックボックス化されていきます。
優秀な人には重要な仕事、あるいは多くの仕事が任されます。

しかしブラックボックス化すると、他の人では仕事内容をチェックできなくなるのです。

突出した人物にある業務を全面的に任せてしまうと別の問題も起こります。

ある業務をAという人物だけに担当させると、その人の限界が会社の限界になるのです。

これは人を中心に業務を組み立てる場合のリスクです。

曹操が人材を愛したことは何度も述べてきました。

では、曹操軍が優れた人材を引き込み続けたことで混乱を招いたか。

答えは否です。

理由は、彼が孫子を基盤にした組織構築法を心得ていたことによります。


三国志の英雄ならどうする?

30

優れた人材を吸収しながら、人材のリスクに対処する

アメとムチ、英雄「曹操」の人材操縦術

仕事と人材の関係には、次の2つの分類があると言われます。

【人と仕事の2種類の関係】
○人に仕事をつける
○仕事に人をつける

人に仕事をつけるとは、どんな状態か。

特定の人の能力に応じて仕事を任せることです。

優秀な人に重要な仕事を任せてしまうことも該当します。

この場合、「その人でないとできない」「その人でないとわからない」状態が発生しがちです。

任せる側は、その人に丸投げするので楽な部分もあります。

しかしその人が職場を離れると、業務遂行能力も大きく落ちてしまいます。

一方の、仕事に人をつけるとは、業務を明確に定型化することから始まります。
仕事をルーチン化する煩雑さはあるものの、誰でも同じ品質が保てます。
この場合、組織全体の業務が優れた個人に依存することがありません。

曹操は荀彧に「君に代わってわしのために策を立てられるのは誰か」と聞いています。
荀彧は二人の人物を挙げますが、曹操はその後も優秀な人物を推挙させました。
曹操はのちに、自分と意見をたがえた荀彧を自殺に追い込みます。
自らの最高の右腕と考えた人物さえ、曹操は殺すのに躊躇しませんでした。
軍師も参謀もダブルキャスト、トリプルキャストにしていたからです。
(同じ役割をこなせる人を2名もしくは3名用意しておくこと)

彼の軍団が、優れた人材たちに混乱させられなかった理由は何か。
曹操が、「仕事に人をつける」ことを徹底していたからです。
仕事に人をつけ、ダブルキャスト以上の布陣をしておく。
これにより、組織内で優れた個人が私的な権力を膨張させることを防いだのです。
荀彧ほどの人材でも、曹操の思惑一つで殺せるほど徹底的にです。

三国志の英雄ならどうする？31

優れた人材を渇望しつつ、仕事に人をつけて管理する

「孫子の兵法」を研究した曹操の、組織戦略とは

曹操が「孫子の兵法」の研究家であったことは先に述べました。
『孫子』は、紀元前3世紀頃に活躍した孫武という将軍の書籍です。
「孫子の兵法」は戦闘指揮官や将軍に向けて書かれています。
そのため、権謀術数や戦略以外に、部下と組織を動かす組織論を含みます。
孫子の組織論には次のような特徴があります。

【孫子の組織論】

○兵士が自然に全力で戦う環境を整える
○兵士一人の働きに過度に依存しない体制を理想とする

○兵士が一致団結を自然に行う組み合わせと指揮

曹操に見込まれて、高い評価で軍団に入っても楽ができるわけではありません。仕事に人をつけ、全力で戦い、組織全体で動く体制に組み込まれます。そのため個人は評判に依存できず、死力を尽くさざるを得ません。ダブルキャスト、トリプルキャストなのですから、ライバルも多数います。自分だけのブラックボックスがないので、実績を示す必要に迫られるのです。さらに曹操は、各地の最前線で戦う将軍に、オリジナルのテキストを渡しています。

「曹操は『孫子』『呉子』の兵法に基づき自ら兵書を著し、配下の諸将が曹操の『新書』を規範と仰いで各地を転戦した。この『新書』の名は『兵書接要』というが、すでに散逸している」

「君主個人の兵学研究の成果を軍の幹部に持たせ、統一的な作戦行動をとらせたという例は、中国史上、曹操以外には見いだせない」（共に書籍『三国志』中公新書）

自らの兵法研究をテキストにして、将軍たちに繰り返し読み込ませていく。曹操の軍団が、彼自身がいない場面でも強い秘密がこのテキストだったのです。

彼の人材への熱愛とは別に、軍団は成果を強制的に出させる仕組みを持ちました。奸雄と呼ばれた彼は「人材好き」を演技で広く知らしめていたのかもしれません。加入した先にあるのは、どんな名士や英才でも必死で働く組織体制です。曹操に惚れて軍団入りした者は、誰もが全力で戦うことになるのです。

三国志の英雄ならどうする? 32

良い人材を引き寄せて、死力を尽くす環境に組み込む

劉備、関羽が曹操陣営から離れた理由

曹操の仕組みは、支配する側には好都合ですが、従業員側には過酷な環境です。しかし曹操は成果を挙げた者を無差別に褒め称えることで不満を解消しています。そのため、常に同僚と競争して成果を出す環境でも組織は一致団結をしていました。(近年、成果に厳しい会社組織で飲み会などの行事を増やす例も目的は同じ)

荀彧は人材登用（推挙）にも熱心で荀攸《じゅんゆう》、郭嘉《かくか》、司馬懿《しばい》などを見出しています。
彼の飛び抜けた才能を知りながら、曹操は彼に代わる人材も探していたのです。
また曹操は、意見をたがえた荀彧を殺す2年前には「唯才令」を出しています。
一人の天才に、自分の軍団が依存することを防ぐためでしょう。
加入した者に全力を尽くさせる仕組みと、仕事に人をつける厳しさ。
この組織戦略で曹操は勝ち、人材を愛する姿勢で人を離散させませんでした。
彼の陣営に外部加入者が多くとも、彼らにわがままをさせず活躍させた秘密です。

このような曹操陣営から、二人の有名な人物が抜け出しています。
一人は劉備、もう一人は関羽です。
彼らはなぜ曹操軍から抜け出したのでしょうか。
劉備陣営の組織・人材戦略から次の章でその分析を進めていきます。

三国志の英雄ならどうする？ 33

厳しさと仕組みを縦糸、才能への愛を横糸にした曹操

第三章

なぜ、劉備はわらじ売りから皇帝になれたのか

09

なぜ、劉備はわらじ売りから皇帝になれたのか

桃園《とうえん》の結義《けつぎ》、三人の義兄弟と建国した蜀の皇帝劉備

漢の皇室の血筋と言われた劉備（あざなは玄徳）。
苦心惨憺《さんたん》の末、彼は221年（60歳）に蜀の皇帝となります。
徒手空拳《としゅくうけん》、なにもない境遇から一人の男が一国の皇帝になった瞬間でした。

小説『三国志演義』では、劉備は関羽、張飛と桃園で義兄弟の誓いをします。
この創作は広く知られていますが、史実でも三人の結びつきは堅いものでした。
出会った当時、劉備は24歳、関羽21歳前後、張飛は20歳前後。
関羽は一時曹操の配下となり、張飛は戦乱で一時離れ離れになっています。

それでも二人は、劉備を裏切らず彼の元に戻り、戦い続ける生涯を送りました。

張飛は劉備と同郷（涿《たく》郡）の人であり、関羽は解県《かいけん》の生まれです。

解県は製塩業が盛んな地域で、関羽を製塩業者の武装勢力とする説もあります。

関羽はなにかの理由で涿郡に亡命したことで、劉備・張飛と出会います。

書籍『三国志の世界』では、張飛は肉屋だったという伝説が紹介されています。

涿州市には現在、張飛が肉を貯蔵したと言われる「張飛井」という史跡が残ります。

その他、劉備に若い頃から従った者に簡雍《かんよう》、孫乾《そんけん》、糜竺《びじく》などの人物がいます。

簡雍は劉備の青年期からの知り合いで最後は最上位の将軍職になります。

孫乾は初期の劉備がいくつも陣営を渡り歩くとき、重要な使者を務めました。

糜竺は1万人もの使用人を抱える大富豪で、劉備に軍資金を与えました。

呂布に裏切られたときには、糜竺は自らの妹を劉備の妻にしたほどです。

糜竺は劉備が皇帝となったとき、孔明よりも上の安漢将軍に任命されています。

軍事指揮が苦手だった彼は、肩書で最上位とされたのです。

こうしてみると、曹操陣営と劉備陣営の違いが明確になります。

曹操陣営では初期の部下は一部しか残りません。
曹操が自分の後継者がいる曹家のため有力者を殺したからとも言われています。
蜀の劉備陣営は、武将や参謀が劉備と私的な絆で連帯していました。
そのため、彼らは劉備の出世と共に栄達を得ています。

劉備はわらじを売る貧乏な少年期を過ごした人物です。
たった一つのものを除いて、彼は何一つ持っていませんでした。
それは、彼自身です。
だからこそ、彼は人を惹きつける人間的魅力を身につけたのでしょう。

関羽、張飛の二人は魏軍から「1万の兵に匹敵する」と言われた武人でした。
糜竺は伝説的な富豪と言われるほどの金持ちでした。
彼らはなにも持たない青年に過ぎない劉備の未来に一生を賭けたのです。
(賭けは蜀建国と歴史に名を残すことで十分報われたと言える)

徒手空拳から一代で皇帝となった劉備。
このような例は中国の歴史にも、漢の高祖劉邦、明の朱元璋などわずかです。

蜀は三国のなかの一国ですから完全な覇業とは言えません。
しかし彼の生涯は、人間という存在がどれほどのことが可能かを教えてくれます。
彼に学ぶ点の一つは、24歳ですでに最終目標に堪える友を得ていることです。
貧しい青年劉備は、１万の兵に匹敵する者を義兄弟に選んだのですから。

三国志の英雄ならどうする？ 34

内的魅力を磨き、理想へ共に向かう強い盟友を得る

劉備を支えた武将・英傑たちを惹きつけたもの

ここで劉備を支えた勇猛な武将たちを５人紹介しておきます。

【関羽《かんう》】　前将軍＊２１９年没
劉備と張飛のいた涿郡に若い頃に亡命。１８４年に劉備が黄巾軍を討伐する義軍を起こすと、張飛と共に劉備の護衛者となった。以降35年間、立場は君臣でも関係は義兄弟とし

て戦場を駆け抜けた。魏と対峙中、背後の呉から奇襲を受け捕らえられて斬られた。

【張飛《ちょうひ》】車騎将軍＊221年没

若い頃に劉備と出会い、生涯臣従する。当陽県の長坂橋では殿《しんがり》を務めて曹操軍を大喝して敵を震え上がらせた。赤壁以降、劉備が蜀を建国するまでの領土獲得の戦闘でもたびたび活躍する。張飛の刑罰が厳しいことを恨んだ部下に暗殺されて最期を迎えた。

【趙雲《ちょううん》】鎮軍将軍＊229年没

常山郡の生まれ。公孫瓚陣営に義勇兵として参加。劉備とは公孫瓚陣営で192年頃に出会う。兄の喪に服するため戦陣を離れ、劉備とは200年に再会。冷静さと武勇を兼ね備えた名将で劉備死後も活躍し、病死する前年まで孔明の北伐にも参加。

【黄忠《こうちゅう》】後将軍＊220年没

もともと劉表に仕えたが、曹操が荊州を支配したことで一時曹操の配下となる。赤壁の戦い直後の208年に劉備陣営に参加。212年の益州平定、219年には漢中で曹操軍の夏侯淵を斬るなど活躍。わずか12年の劉備軍への貢献だが勇名を残した。

【馬超《ばちょう》】驃騎将軍＊222年没
後漢の名将が先祖。父は董卓の乱で中央に進出を狙った。曹操の領土拡大で馬超と魏軍が激突。一時曹操を苦しめるも馬超は敗北。曹操に一族を皆殺しにされる。214年に劉備陣営に参加。彼の参加を知って敵が城を明け渡したほど勇名が知れ渡っていた。

5名のうち、関羽・張飛・趙雲は劉備になにもない時期から参加しています。
趙雲に至っては、関羽が曹操に捕らわれて張飛もいない時期に劉備に合流しました。
黄忠と馬超は、曹操陣営に敵対する武将としてキャリア前半を過ごしていました。
彼らは曹操に対抗できる第二勢力として、劉備陣営への加入を決めたのです。

敵を作るマーケティングは現代ビジネスでも定番手法の一つです。
◯◯という方法が気に入らない消費者のよりどころとなる。
◯◯という大手メーカーが好きになれない人たちを顧客にする。
ウィンドウズに対するマッキントッシュのファンの気持ちに似ています。
「反曹操」の旗印は、劉備が中期から後期に人を集める武器の一つとなりました。
劉備は個人の魅力と熱い理想で初期の仲間を集めました。
台頭するに従い、反曹操という魅力的な旗印を掲げてさらに人を集めたのです。

三国志の英雄ならどうする？ 35

魅力的な反多数派の旗印を掲げ、同志を惹きつける

劉備の〝転がり込む能力〟とは何か

大軍団となる過程で、劉備陣営には一つの特徴があります。いくつもの別集団に転がり込んだことです。

【劉備が他の陣営に転がり込んだ例】

○黄巾軍を討伐するも出世できず、学舎の先輩（公孫瓚）を頼り参謀となる
○公孫瓚から離れ、陶謙のもとに身を寄せる
○かくまった呂布に裏切られて敗走し、曹操を頼る
○曹操に英雄の資質を言い当てられ、出陣を兼ねて逃げ出す
○曹操に敵対するも敗れて、袁紹の元へ走る
○官渡の戦いで袁紹が曹操に敗れたことで、荊州の劉表に身を寄せる（２０１年）

劉表に身を寄せていた206年に劉備は孔明に出会います。
劉備の驚くべきところは、その求心力の強さです。
自分より規模の大きい軍団に転がり込んでも彼と部下たちは吸収されませんでした。
むしろ、大きい軍団内で不満を持つ者たちは、劉備に自分の夢を重ねていきます。

劉備はキャリアの行き止まりを予感した時、迅速にそこから離れました。
「この場所にいても芽が出ない」と感じた時、転進することを厭わなかったのです。
呂布のように恩知らずで、受け入れた者にあだを成したわけではありません。
公孫瓚から離れるとき、袁紹を攻撃する部隊として出陣しています。
曹操の陣営から離れるときも、曹操の敵である袁術を倒すために都を離れます。
(劉備は曹操の命令で袁術と袁紹の合流を妨げ、袁術は病死した)

劉備が複数の陣営に転がり込んで、なおかつ生き残れた理由は何か。
彼の行動から「相手と共通の利害を語る」能力の高さが推測できます。
危うい陣営から離れるとき、彼は陣営トップの指示で出撃しているのです。
これが100%劉備の提案なのか、トップの決断であるかは不明です。
のちの赤壁の戦いでも、呉と同盟したことなどから劉備には一貫性があります。

劉備は「相手と共通の利害を巧みに語り」、相手の懐に入るのを戦略にしていたのです。

転がり込む能力とは、裏をかえせば相手と衝突せず、頼られる能力でもあります。

何度も転がり込むには、それぞれの軍団から円満に離れることが必要だからです。

どの陣営に転がり込んでも、劉備は「共通の利害がある味方」を装えたのです。

さらに、自分のしたいことを相手の利害に重ね、相手を自然に動かしています。

貧しい青年から、皇帝になるまで乱世を生き延びた劉備。

彼は各陣営に転がり込むと、意外にも重要な役職を与えられます。

それは相手と衝突せず、共通の利害で動く紛れもない味方に思わせられたからです。

10を超える軍閥が消滅を続ける激動の乱世で、幸運の連続はあり得ません。

劉備がスルスルと生き延びる姿は、巧みな戦略と演技力の賜物だったのです。

三国志の英雄ならどうする？ 36

共通の利害で味方となり、相手に自然に決断させよ

10

兵法書『六韜』と劉備の基本戦略①

劉備が読んだとされる兵法書『六韜』とは

曹操が兵法書『孫子』に精通していたことは述べました。
実は劉備にも熟知していた兵法書があったのです。
それは『六韜《りくとう》』です。
兵法書『六韜』には古代王朝「周」の伝説の軍師、太公望が出てきます。
その太公望が、文王と武王の質問に答える形で解説が進んでいく兵法書です。
成立は中国の戦国時代、紀元前2世紀前後と推定されています。
『六韜』は、文韜、武韜、竜韜、虎韜、豹韜、犬韜の6巻で構成されています。

「韜」は弓や剣を入れる袋を意味し、秘伝という意味を持ちます。

劉備が『六韜』を読んでいたことは、息子劉禅に宛てた遺書からわかります。

「『漢書』と『礼記』は必ず読むがよい。さらに暇を見て、諸子百家、『六韜』、『商君書』などをひもといて、古人の知恵に学ぶことだ」（書籍『六韜・三略』）

曹操の「孫子の兵法」。

劉備の「六韜の兵法」。

その違いは、そのまま彼ら二人の戦績や人生に重なりました。

自ら学び、愛した理論（兵法）がその人の人生を形作ったのです。

兵法書は一種のロールモデル（手本）とも言えます。

曹操は『孫子』を手本にしたことで、彼の人生を創ったのです。

劉備は『六韜』を手本にして、曹操とは異なる人生を歩むことになったのです。

三国志の英雄ならどうする？ 37

学び愛した理論が人生を創る。手本は慎重に選ぶべし

『六韜』の特徴その①
民を愛する君主となることが、基本戦略

劉備が学んだ『六韜』はどんな内容だったのか。

特徴の一つは「徳・仁」と人の心を掴む必要性を強調していることです。

「どんなに人材を集めても、その心をつかんでいなければ、必ず逃げられてしまいます。口には出さなくても、徳さえ内に秘めていれば、その光は遠くまで及んでいくのです」

（「どうすれば人の心をとらえて、天下を帰服させることができるのか」という質問に）

「天下は君主ひとりのものではなく、天下万民のものです。天下の利益を共有しようとすれば天下を手中に収めることができますが、独り占めにしようとすれば天下を失ってしまいます。天は時をつかさどり、地は財を生みますが、これを万民と分かち合ってこそ、仁といえます。仁のある人物に、天下の人々は帰服するのです」（共に書籍『六韜・三略』）

これが兵法書？　という印象を受ける方もいるかもしれません。

しかし君主の書『六韜』は天下万民との関係の重要性をさらに強調します。

（文王の「国を治めるにあたって、もっとも大切なことは何か」の質問へ）

「人民を愛すること、これに尽きます」

「うまく国を治めている君主は、父母が子を愛し、兄が弟を愛するように、人民に臨みます。人民が飢えや寒さにふるえていれば心を痛め、苦労しているのを見れば心を悲しませるのです。また、賞罰を加えるときには自分に加えるように、税金を取り立てるときには自分から取り立てるように、喜びも痛みも人民と共にするのです」（六韜）

『六韜』は君主に仁・徳を求め、民に愛を与えることを説いています。

劉備伝、また小説の『三国志演義』の劉備像にも重なる内容です。

同時にこの部分だけを読むと、なんと甘い兵法書かと思います。

しかし『六韜』の真髄はこれだけではないことを解説していきます。

三国志の英雄ならどうする？ 38

利益を共有して、自らに接するように相手を扱う

『六韜』の特徴その②
人の心を摑み、敵国の王を油断させる術

劉備の読んだ『六韜』は、単に仁愛の君主を目指す兵法書ではありません。

そこにはサバイバル指南書とでも言うべき要素があるのです。

「王たる者は、竜が頭をもたげているように、高い所に座って遠くまで見通し、物ごとを深く洞察し、臣下の意見によく耳を傾けることです。ただし、姿は現していても、心の動きを察知されてはなりません」（六韜）

（文王の「武力を使わないで目的を達するには、どうすればよいか」という質問に）

「敵国の寵臣を手なずけて、君主と権力を二分させるのです。寵臣が内通して二股をかけるなら、国力は必ず衰えます。朝廷に忠臣がいなければ、その国は必ず危うくなりましょう」

「相手国の君主を誉めあげていい気持ちにさせ、手も足も出ないふりをして言いなりに

なっていれば、相手もその気になるでしょう。こうして相手の君主が聖人を気取って尊大に構えるようになれば、必ず政治を怠るようになりましょう」

「謙虚な態度で相手国の君主に仕えて心をつかみ、なにごとも相手の意に逆らわず、頼りになる味方だと思わせるのです。こうして信頼を得たら、ひそかに策をめぐらして切り崩しをはかります。いずれ相手は自然に崩壊するにちがいありません」

青年期の劉備は、口数は少なく、めったに感情を表しませんでした。相手をよく立てて男同士の信義を守るため、人は争って彼に交際を求めています。しかしこれは、『六韜』の影響と考えることも十分に可能ではないでしょうか。

史実として、徐州の陶謙の元に劉備が向かったときのこと。陶謙は病気で死去する前に、劉備にその地位を継いで欲しいと依頼します。最初は断るものの、陶謙の部下の陳登などの推挙もあり劉備は徐州の長官になります。蜀建国の益州征服のときも、相手から内通者を出して手引きさせています。人材を引き抜けなかったのは、曹操陣営くらいです。劉備は自らの感情を表に出さないことで、意図を読ませませんでした。

謙虚に振る舞い、相手にへりくだったのでファンを増やしました。
集団のトップにいっさい逆らわないことで、反感を持たれることも防ぎました。
その上で参加した集団のトップと中堅を二分させて、自分のファンを育てています。
やがて彼はそのファンに推挙される形で、次第に支配力を手にしたのです。

三国志の英雄ならどうする？ 39

トップに逆らわず、その周辺と交際して推挙されよ

『六韜』の特徴その③ 必要だとわかったことを、迷わずすぐ実行せよ

劉備が好んだ『六韜』が特に強調することがあります。
必要なときに、必要な行動を躊躇するなということです。
蜀を建国し皇帝となるまで、彼は常に危険から先んじて離れました。
ぐずぐずせず直ちに行動する。これは劉備の人生戦略の重要な要素だったのです。

（文王に「聖人の道が廃れたり栄えたりする理由」を聞かれた際の答え）

「良いことだとわかっていても実行せず、好機がきても決断をためらい、悪いことだと知りながら改めようとしない。道が廃れた理由はこれでございます」

「柔軟に対応しながら妄動しない。相手に対する敬意を忘れず謙虚に振る舞う。強さをひけらかさず相手の下手に出る、辛抱強く対応しながら、ここぞというときには断固やり抜く。道が栄えた理由は、これでございます」

「日が高く上ったら、必ず物を干すことです。また、いったん刀を手にしたら必ず殺し、斧を手にしたら必ず倒すことです（中略）。刀を手にしても殺そうとしないのは、有利な時を逸することですし、斧を手にしても倒そうとしないのは、かえって敵を招きよせるようなものです」

「河も、小さな流れのうちにせきとめなければ大河になってしまいます。火も、ボヤのうちに消しとめなければ大火になってしまいます。木も、双葉のうちにつみとってしまわなければ、斧で切り倒さなければならなくなります」

兵法書『六韜』を愛読した人物、
劉備は、自然に周囲から持ち上げられて
皇帝への階段を上った

↓

『六韜』は民衆の心を満たす徳治主義を説いた。
さらに、集団を飲み込む仁徳と謀略にも詳しい

王者の仁徳と、
民衆を巻き込む
大義名分の
明確化

功績を人に譲り、
相手に
安心感を与えて、
懐に入り込む

人を
惹きつけるには、
相手の心が
求めているものを
与えること

信義の人と表現される劉備。
彼は人間的なつながりで軍団を形成し、
蜀の皇帝になった。
後漢の再興という大義名分と、
『六韜』の人心掌握術を使って

劉備は袁術討伐の命令を受け、曹操の陣営から出陣しました。

袁術を病死に追いやったあとも、劉備は徐州に居残ります。

劉備は徐州を支配していた車冑《しゃちゅう》を斬って占領。

支配地域を周辺に拡大し、曹操が派遣した劉岱・王忠の軍も破ります。

劉備は「曹公が来るならわからぬが、おぬしらでは百人来てもわしに勝てぬわ」と豪語します。しかし曹操自身が急行すると、その旗を見て劉備は戦わずに逃げました。

（関羽と自らの妻子を置き去りにするほど急いだ。彼らは曹操に捕らわれた）


躊躇すること、必要な行動をしないことはビジネスでも致命傷を招きます。

現代ではビジネスも方向転換が重要な時代です。

問題や赤字部門を放置しておけるほど、楽な時期ではないからです。

正すべき行為を改善しなければ、問題はひたすら膨張を続けます。

ぐずぐずした人間は、問題が膨張し破裂するまで動けません。

劉備は違いました。曹操の旗を見て、留まることの危険を見抜きすぐ逃げたのです。

彼は「必要なとき、必要な行動を直ちにできる」人間でした。

乱世を生き抜いた劉備は、躊躇を排除する「六韜の兵法家」だったからです。

三国志の英雄ならどうする？ 40

必要な行動は直ちに行い、自らに躊躇を許さない

II

兵法書『六韜』と劉備の基本戦略②

『六韜』の特徴その④

質素に振る舞い、ときに凡人のふりをする

小説『三国志演義』に顕著ですが、劉備はやや凡庸な人物として描かれています。理由は、孔明などの脇役を際立たせるためとも言われています。

しかし兵法書『六韜』を読むと違う面が浮かび上がります。

劉備が「凡庸な人物」というのは兵法の演技の可能性もあるのです。

「猛禽が一撃を加えようとするときは、まず低く飛んで翼をすぼめ、猛獣が襲いかかろうとするときは、まず耳を垂れて身を伏せるもの。聖人も行動を起こすときには、愚者のよ

うなふりをして力を誇示しないものです」（六韜）

「謙虚な態度で相手国の君主に仕えて心をつかみ、なにごとも相手の意に逆らわず、頼りになる味方だと思わせるのです」（六韜）

「大智は智をひけらかしませんし、大謀はことさら計らないもの。また、大勇はやたら勇を誇示しませんし、大利は初めから利を念頭におかないもの」（六韜）

他人に警戒感を与えない人たちがいます。

「自分のライバルにはならないだろう」と周囲に思われているのです。

このような人物は親しい友人、知人を比較的多く持ちます。

本当はすごい実力を持ちながらも、相手を不安にさせないためです。

仕事の成果も「彼のおかげですよ」と手渡して目立つことを避けさえします。

経営者の中には顧客用に軽自動車を持ち、自宅用に高級車を持つ人もいます。

営業パーソンの中には、面談相手に応じて腕時計のブランドを変える人がいます。

自分が儲かっている印象が、相手へ失礼にならないためにです。

劉備は旗揚げ以降、複数の陣営に転がり込み、相手に頼りにされています。
彼が意図的に控えめに振る舞い、相手に安心感を与え続けたからなのでしょう。

三国志の英雄ならどうする？ 41

人に功績を譲り、安心感を与えて、相手の懐に入り込む

『六韜』の特徴その⑤

天下を独り占めしない者が王となる

何もないころから劉備を支援した人たちが報われたことはご説明しました。
劉備は支えてくれた者たちの恩義にきちんと報いたのです。
これは曹操と対照的だと言ってよいでしょう。
曹操は自らの引退間際には、実力のある功臣を粛清しています。
対照的な姿勢は、劉備が『六韜』を熟読していたからかもしれません。

「天下というのは君主一人のものではなく、天下万民のものであります。その天下を取るのは、野獣を追いかけるようなもの、天下の人々はみな仕留めた獲物の分配にあずかりたいと願っています」（六韜）

「天下を蓋《おお》うほどの度量があって、はじめて天下の人々を包容することができるのです。天下を蓋うほどの信義があって、はじめて天下の人々をまとめていくことができるのです。天下を蓋うほどの仁徳があって、はじめて天下の人々に慕われるのです」（六韜）

恩に必ず報いる人物には、彼を支える者たちが集まります。優れながら人から搾取をしない者は、周囲に推戴されてリーダーになります。国を独り占めしない人物は、支配者になって欲しいと周囲に懇願されるのです。流浪の劉備が、各地で統治者になって欲しいと依頼されたことに通じます。

現代ビジネスでも、部下を活躍させる上司がリーダーの格を上げていきます。ベンチャー企業で真剣に働く社員を得るには、成功を分かち合うことが必須です。与える者が、もっとも多くを得るとは格言でもよく言われます。

しかし劉備の驚くべき点は、彼がむしろを売っていた貧乏青年だったにも関わらず徳を施す人物だったことです。

貧しい体験をした人は、目の前の我欲を満たす誘惑が強いものです。

中国古代の宦官は、権力を得ると専横に振る舞ったと言われます。彼らは去勢された喪失感、飢餓感や劣等感を埋める必要があったのでしょう。地方軍閥でも、少し軍事力を得るとすぐに略奪を始める者がいました。彼らは目の前の飢餓感から、我欲を満たして恨みを受けて滅亡していきます。

劉備は、公孫瓚の配下で平原国の管理者になったことがあります。その時、彼は民衆に経済的恩恵を施し、身分の低い者を差別しませんでした。彼は民に恩恵を与えたことで、彼らの心を得たのです。身分の低い者たちの「認められたい」という欲求を満たして信義を得たのです。劉備にこの振る舞いができたのは、『六韜』の先の一文が理由かもしれません。

「天下を蓋うほどの度量があって、はじめて天下の人々を包容することができるのです」

（六韜）

乾燥で喉がカラカラになる砂漠では、誰もが水を渇望します。
そこで自らの水を周囲に分け与える人は、多くの人の心を得るでしょう。
地位や肩書を得たいと望み続けて手にした者は、途端にそれがない者を見下します。
地位を得ても相手に劣等感を与えない者は、さらに多くの者から応援を得るでしょう。
王者を生み出す『六韜』を読んでいた劉備には、それができる度量がありました。
劉備が若い頃むしろを売り、叔父の援助で学舎に通えたことを強調しておきます。
貧しい青年は、自らの渇望を抑えて周囲に与え続けたことで蜀の皇帝となったのです。

三国志の英雄ならどうする？ 42

成長を続けるには、地位や富を得ても周囲を見下さない

学んだ『六韜』に類似する劉備の人生

兵法書『六韜』と劉備の人生を比較して解説をしてきました。
劉備の人生行路は、『六韜』が説く兵略と強い類似があることがわかります。

【六韜の兵法書としての特徴】
①民衆の心を満たして惹きつける徳治政治
②躊躇しない果断な行動力の強調
③王者の仁徳と大義名分の重視
④戦闘における個々の戦術論

兵法書『六韜』は名君になる方法だけでなく、後半は戦術論となります。どのような戦況で、どのように戦うかが事細かく指摘されています。(孫子の兵法のように原理原則論ではなく、各論の形式がほとんど)

劉備は少年の頃から、繰り返し『六韜』を読んでいたのではないでしょうか。

彼は密かに衝撃を受けていたに違いありません。
自分の生きる道は「これに違いない！」と。
少年劉備の人生に強烈な刺激を与えたと推測できる部分を抜粋しておきます。

「天下の人々は、利益を与えてくれる者には道を開き、一人として邪魔をする者はいないのです。つまり、人民から収奪しない人物が、民心をつかんで支持をかちとることができるのです。同様に、一国をわがものにしようとしない人物が国中の支持をかちとり、天下をわがものにしようとしない人物が天下の支持をかちとるのです」（六韜）

我欲を後回しにすることで、支持する者を集めることができる。
収奪ではなく恩恵で民の心を摑み、国を分かち合うことで天下が我がモノとなる。
徒手空拳の少年は、この文に天啓を受けたのではないでしょうか。
父を幼くして亡くした、むしろ売りの貧しい少年が天下を狙い始めた瞬間でした。

『六韜』を読み衝撃を受けた少年は、何度も熟読したはずです。
次に彼は、周囲の無頼の少年たちに誇りや自尊心を与えていったのです。
彼らはみな貧しく、社会階層の底辺ゆえに満たされることに飢えていました。

そんな彼らを分け隔てなく認める劉備は、次第に人望を得ていきます。
その姿は、次の少年期の劉備の形容にも見ることができます。

「口数こそ少なかったが、よく相手をたてて、めったに感情を表すことはなかった。男どうしのつきあいとなると、それを大事にしたので、人々は争って彼に交際を求めた」（書籍『三国志の世界』）

彼は何も持ちませんでした。しかし周囲は彼をリーダーに推戴したのです。
劉備が、無頼の貧しい少年たちの心の渇望に水を与える男だったからです。

三国志の英雄ならどうする？
43

相手の心が渇望しているものを与える者が、上に立つ

敵が味方になり、人に惚れられて蜀の皇帝となった男

劉備が平原国の執政官のとき、徐州の陶謙から援軍の依頼を受けています。

曹操の軍団が徐州に侵入をしたからです。

劉備が徐州城に着いたとき、すでに徐州城は曹操軍に囲まれていました。

しかし劉備の軍は、包囲を突破して到着します。

陶謙は劉備を一目みて、すっかりその人物に惚れ込み、徐州長官の官位を譲ろうとしました。劉備はこの飛び上がるような幸運を、謙虚にも辞退しています。

「私は漢の王室に連なる者とはいえ、功少なく徳薄く、今の平原の相ですら過ぎたる任と思っています。このたびは、義によって救援に参上いたしたまでのことです」（書籍『三国志の世界』）

劉備は曹操に和議を申し込む手紙を送り停戦に成功。

（別の説では曹操軍は食糧不足であり、袁紹軍対策ですでに撤退していたとも）

陶謙はやがて病死し、周囲の強い勧めもあり劉備は徐州の長官となります。

このように彼は34歳のとき、州の長官職を手に入れます。

その後、一度は敵対した曹操とも同盟するなど、変転の大きい運命を歩みます。

普通であれば、戦をした相手と同盟して、高く認められるなど珍しいことです。

曹操は人材を愛しましたが、劉備は他の陣営でも常に歓迎されているのです。


乱世を生きる彼は、敵を作ることを極力避け、控えめな徳のある人物となりました。

それが兵法書『六韜』による演技なら、興ざめする人もいるかもしれません。

しかし彼は生涯を通じてその演技を完成させ見事、蜀帝国の皇帝になっています。

劉備の生涯は、人を惹きつける魅力は、学んで身につけることが可能だと証明しているのです。

三国志の英雄ならどうする? 44

人を惹きつける魅力は、学ぶことで身にまとう

12

劉備という男のきわだつ魅力と限界

兵法家としての劉備と、その戦績

劉備は人生で大小30近くの戦闘を経験しています。
最後は夷陵の戦いで陸遜に大敗、2年後の223年に62歳で生涯を閉じます。

(勝) 黄巾の乱
(負) 董卓軍と衝突して敗北、公孫瓚陣営に逃れる
(勝) 袁紹軍の配下で
(引分) 陶謙配下で曹操と
(負) 裏切られた呂布軍に敗北→曹操軍に身を寄せる

(負) 呂布配下の高順軍に敗北
(勝) 曹操陣営を脱出後、追っ手の軍を撃退
(負) 曹操自らが出陣してきたため敗北、当陽の長坂で張飛が殿をつとめる
(勝) 赤壁の戦いで呉と同盟して曹操軍を撃退
(勝) 荊州4郡を占拠
(勝) 益州の劉璋軍に勝つ
(負) 漢中攻略で、曹操の従弟の曹洪軍に敗れる
(勝) 漢中攻略で、敵将の夏侯淵を斬る
(勝) 曹操自ら出陣するも、劉備軍は堅く守って撤退させる
(負) 関羽の弔い合戦である夷陵の戦いで、陸遜の火計に大敗する

右は劉備の戦闘の中で主要なものを抜粋したリストです。
主要な15の戦闘では、8勝6敗1引き分けとなっています。
彼が苦手としたのは、曹操自身が率いる軍と呂布の軍です。
ただし呂布は曹操に捕まり殺害されたことを考えると、劉備の勝ちとも言えます。

劉備が読んだ『六韜』は君主論・政治・謀略・戦術論で構成されています。

7割近くは戦術論であり、『六韜』に精通していた劉備はそれなりに強かったでしょう。

しかし『孫子』に比較して、『六韜』は応用的な思考に欠けた兵法書でもあります。
○○の時はこのように戦え、という固定された条件の記述が目立つからです。
そのため、型通りの敵には強くとも、応用を得意とする敵は苦手とする。

劉備の戦闘指揮にも、そのような特徴があったのかもしれません。


一方で戦闘には無類に強かった呂布は、曹操に捕らえられて殺されました。

主君を裏切り続けて同盟軍もなく、曹操の前で劉備に「信用できない者」と言われたことで処刑されたのです。

当時の劉備は曹操の配下でしたから、敗北した呂布が曹操陣営に入れば必ず自分に牙をむくと予見したのでしょう。


劉備は優れた武将でしたが、戦闘のみなら突出した兵略家ではありませんでした。

しかし生き残り天下を狙うという点で、敗北や撤退を超えて目標を達成する知略がありました。争いごとに全て勝つことが重要ではないと、彼の人生は教えているのです。

三国志の英雄ならどうする？ 45

目の前の争いに囚われず、最終目標を達成せよ

敵の敵は、自分の味方にする基本戦略

劉備は、自分より強い敵と激突することを巧みに避けています。

曹操陣営から脱出したあと、追っ手を簡単に撃退しても曹操自身からは逃げました。

もう一つ劉備が得意としたことは、敵の敵を味方にして抱き込むことです。

曹操と敵対した時は、曹操の背後にいる袁紹軍団と同盟を結ぶなどです。

こうして、曹操軍の意識を分断して自分だけに攻撃が集中するのを防いだのです。

「病を同じくする者が助け合い、心を同じくする者が協力し合い、憎しみを同じくする者がかばい合い、好みを同じくする者が手をたずさえて進むのです」（六韜）

自分だけ目立つことを潔しとしないだけでなく、保身のためにこれは重要です。

社内で活躍して目立ったとき、もう一人の同僚をスターに仕立て上げる。こうすることで「出る杭は自分だけではない」という状況を作る。

ビジネスにおいても「敵の敵を味方にする」ことは有効な場合が多いもの。強力なライバルの出現で、中小企業が提携することも珍しくありません。「憎しみを同じくする者がかばい合う」という構図が実現されているのです。

三国志の英雄ならどうする? 46

別の標的を作りかく乱して、敵の敵を味方にする

諸葛亮を手に入れた劉備のヒラメキと方向転換

劉備の長所を述べてきましたが、史実の彼は鳴かず飛ばずの時期が長い人物でした。

161年に生まれて黄巾の乱で20代に挙兵、しかし45歳までは食客でした。曹操から逃れた彼は、40代でも劉表の陣営に居候をしていたのです。劉表の陣営にも7年近く滞在、ほとんど軍功も挙げていません。

あまりに馬に乗らないため、自分のももに贅肉がついたことを劉備が嘆いた故事「髀肉《ひにく》の嘆《たん》」は、この頃の出来事とされています。

荊州の静かな環境で、劉備は自分のこれまでを振り返ったのでしょう。
20年近く奮戦を続け、猛将の関羽や張飛がいても飛躍できない情けない自分を。

○自分には何が足りないのか？
○自分の何が間違っているのか？

40代半ば、すでに当時は壮年と言える年齢の劉備は自省します。
彼の結論は「自分には優れた参謀がいない」でした。
武将としては関羽、張飛、趙雲など既に一騎当千の強者がいたのですから。

本書で追記しておきたいのは、劉備は恐らく自分の知略に頼り過ぎたことです。
ここまで分析したように、劉備は決して凡庸な人物ではありませんでした。
兵法書『六韜』を基に、幾多の武将が消えた時代を生き延びたのですから。
人間は自分が優れていると考える分野では外部の専門家を探しません。

一方で劉備は、優れて強い武将は機会あるごとに受け入れています。

読者の皆さんにも、得意な分野が一つならずあることでしょう。
しかし、得意と考えている分野ゆえにもっと優れた者を探さないことがあるのです。
それが自らの誇りとするものであれば、なおさら修正は難しいものです。
劉備の不遇時代は、トップ一人がすべてを兼任できないという現実も示しています。
もし彼が、そのまま自分に疑いを持たずに過ごしたらどうなったか?
赤壁の戦いは起こらず、三国志の時代は到来しなかったかもしれません。
諸葛孔明を三顧の礼で迎えなければ、三国鼎立の策は世に出なかったからです。

劉備は40代半ばで、自分こそがブレーキだとやっと気づいたのです。
戦略や軍事の分野で自分を頼ることが限界を生み出していたのです。
忙しい戦場の連続であれば、劉備はそのことに気づかず一生を終えたかもしれません。
何もない自分を嘆き静かに振り返った荊州で、ようやく方向転換できたのです。
私たちも、人生のどこかの時点で足を止める必要があるのではないでしょうか。
ふと立ち止まり、自分の目標に近づける道を歩んでいるか確認するのです。
ゆきたい場所に近づいていないなら、何が欠けているのか。

自分は、何かを勘違いしているのではないかと疑うのです。

1800年前に生きた劉備は、約60年の生涯で方向転換を成し遂げました。

時代は異なっても、人の寿命はそれほど変わっていません。

夢を実現するため、足りないものを見抜く必要があるならば、私たちはどこかで足を止め、自らの今に疑問を投げかける必要があるのです。

三国志の英雄ならどうする？47

自らを疑い、目標実現に足りないものを見つけ出す

英雄としての劉備と、その限界

蜀帝国を創り上げるため、劉備以外の英傑の力は不可欠でした。

諸葛孔明はその筆頭ですが、龐統《ほうとう》や黄忠、張飛たちの活躍も無視できません。

しかし、彼らの活躍の舞台は劉備という傑出した人物の夢想から生まれています。

貧しい青年が天下を夢見なければ、彼の部下たちは歴史に登場しなかったのです。

（追記）漢帝国を再興して、自分と仲間が中国に信義と秩序を取り戻す。一人の人間が持つ欲望と夢、壮大な理想が英雄を生み、蜀帝国を創り上げたのです。

あえて曹操というもう一人の英雄と比較して劉備の欠点を探すなら、必要なら冷酷に臣下を切り捨てる曹操に対して、情があり過ぎたことでしょう。

効率的な組織を追求することで、個人に依存しない体制を作り上げること。劉備陣営はそれができず、名のある武将が死去するたびに力を落としていきます。

２１９年の関羽の死は典型で、蜀帝国は失速します。

２２１年には張飛が部下に暗殺され、劉備も無謀な呉討伐で大敗します。義兄弟との死別を嘆き、張飛や劉備は冷静さを失っていたのでしょう。武将の一人、趙雲は呉への討伐を明確に諫めています。

「国賊は曹操であって孫権ではありません。魏を撃つことが先であり、魏が滅べば、呉はおのずと降服するでしょう。いったん戦端を開けば、それは終結させがたいものではありませんか」（書籍『正史三國志群雄銘銘傳』）

孔明も劉備をとめますが、劉備の激情を抑えることはできませんでした。

艱難《かんなん》辛苦を乗り越えて蜀の皇帝となっても、義兄弟の死への報復を優先した劉備。それが信義の人、劉備の限界であり、蜀滅亡の導火線となっていきます。しかし正しいことか否かは、本書には断定できないことでもあります。劉備や張飛の姿は、敗れたにしても後世の多くの人の胸を打ったからです。書籍『三国志』(中公新書)は、それを日本人の愛した滅びの美学と指摘しています。互いの信義から帝国を創り、義により散っていく彼らを三国志ファンは愛したのです。

三国志の英雄ならどうする? 48

大きな夢や志を持ち、人が活躍する舞台を創り上げよ

流浪の軍団から皇帝への転機とは、
決定的な失敗を巧みに避けて生き抜いた劉備。
しかし理想を実現できず、
荊州で「自分に欠けているもの」を考えた

↓

大きな失敗をしないことは、理想を実現する基本だが
失敗しないことは、人生の理想を叶えたことにならない

荊州の客将となった劉備は、数十年も戦い続け、天下に名が知られるも領土はゼロだった。彼は大きな失敗をしなかったが、夢も野望も手に入れていない状態だった

軍師が必要だと気付いた劉備の勝利

真面目にずっとやってきて、大きなミスがないことは、夢の実現とは違う。劉備は自分を疑ったことで、諸葛亮が必要だと気付けた

あなたの目標実現に欠けているものはなにか？
あなたの諸葛孔明はどんな人物で、
どこにいるのか？
劉備は立ち止まり、自分を疑うことで、
新たな道を切り拓けた

第四章

呉の孫権、家業を繁栄させた3代目の若頭

13

呉の孫権、家業を繁栄させた3代目の若頭

父と兄の死を乗り越え、19歳でトップとなった孫権

呉は三国の中で最も南に位置し、首都を建業（現在の南京）に定めていました。
呉のトップとなったのが孫権です。
彼の父孫堅は192年に死去、兄の孫策は200年に亡くなっています。
兄が亡くなる際に後継者として指名された孫権はわずか19歳。
三国志の著者陳寿は、孫権を次のように評価しました。

「身を屈して辱を忍び、才に任じ、計を尚《たっと》び、勾践の奇英あり、人に傑《すぐ》れしものなり」

（書籍『正史三國志群雄銘銘傳』）

孫権には資質があったのでしょうが、いくつかの幸運も持っていました。

一つには父孫堅、兄の孫策が従えた優秀な家臣団があったこと。

張昭、張紘のベテラン参謀二人を始め、武勇に優れた将軍たちが彼を支えます。

兄の孫策が信頼した張紘は152年生まれ、張昭は156年生まれです。

孫権は182年生まれなので、彼らは30歳近い年の差がありました。

張昭は、兄の死を嘆き悲しむ孫権に、今は乱世で喪に服すよりも軍服を着ているべき時だと諭して、トップの心構えを教えました。

赤壁の戦いで勝利して勢いに乗った孫権は合肥の戦闘で自ら先陣を切りました。

しかし張紘は、勇敢に突撃しようとする若い君主をこう諫めました。

「戦場で威を揮《ふる》うのは武将の任であり、主将たる者の務めではありません」（書籍『正史三國志群雄銘銘傳』）

若さには勇気やエネルギー、情熱といった素晴らしい点が沢山あります。

しかし経験の少なさによる危うさや、先を見通す能力の不足は否定できません。

だからこそ優れた助言ができる年長者に師事し、味方につけることが有用なのです。

血気盛んなだけの青年ならば、年長者の助言に反発したかもしれません。わずか19歳でも、指摘が正しいものなら受け止め飲み込んだ孫権。彼は良い言葉なら、偏見なく受け止めて実行する度量があったのです。

三国志の英雄ならどうする？49

助言は、感情ではなく謙虚と合理性で受け止める

賢母の教育が、孫権を帝王に押し上げた

孫権の2つ目の幸運は、賢い母のもとに生まれたことです。父孫堅が妻としたのは、才色兼備として広く知られた呉夫人でした。呉夫人は、張紘に丁寧な手紙を書いて孫権の補佐を依頼しています。彼女は兄の孫策が、功臣の一人を自分に逆らったことで殺害しようとした時、井戸の淵に身を寄せて次のように諫めました。

「汝《なんじ》は江南に拠ったばかりで日も浅く、秀れた人を優遇し、過ちに目をつぶって功績を評価すべき時なのです。魏功曹は一所懸命職務に励んでおられるのに、汝が今日これを殺せば、明日はみんなが汝に叛きます。私は禍《わざわい》がふりかかるのを見たくないから、一足お先にこの井戸に身を投げます」（書籍『正史三國志』）

兄の孫策は驚いて魏功曹を許しました。

曹操が202年、当時最大のライバルだった袁紹を倒したときのこと。勢いに乗る曹操は、孫権に息子を人質に差し出すように要求します。思いあぐねた孫権は、参謀役の周瑜と一緒に母の元に相談に行きます。周瑜は情勢が変化する可能性があり、じっくり見極めるべきだと発言しました。呉夫人は周瑜の論が正しいと指摘し、孫権に周瑜を兄と思って仕えよと言います。

彼女は王の母という立場ながら、頭を低くして優れた賢者に敬意を払いました。傲慢さが人の心を離れさせるのとは逆に、敬意を払い人の心を引き寄せたのです。一つの国を率いていくような大業は、どれほど優れていても一人では不可能です。だからこそ賢母の呉夫人は年若い息子を、多くの優秀な者に師事させたのです。

三国志の英雄ならどうする？50

若者の成長を促すには、優れた年長者と結びつける

呉と孫権を支えた名将・名臣たち

孫権を支えた名臣・武将たちを6人紹介しておきます。

【張紘《ちょうこう》】 都尉＊211年没
最古参の参謀の一人。191年に兄の孫策に仕える。首都を建業に移す献策をした。若い孫権を補佐して赤壁の戦いの3年後に死去。広く賢人を集めることを言い残した。

【張昭《ちょうしょう》】 輔呉将軍＊236年没
196年に孫策に仕える。文事・武事を取り仕切る。若い孫権を度々諫める役割を担った。ただし赤壁の戦いでは曹操への降服を勧めた。古参の重鎮として活躍した人物。

【顧雍《こよう》】丞相＊２４３年没
名門の出身。事務能力に優れ、20代から推挙を受けて様々な功績を上げる。２２５年に孫権から丞相に任命される。公平無私、呉の2代目丞相を見事に務めて生涯を終えた。
【周瑜《しゅうゆ》】偏将軍＊２１０年没
兄孫策と16歳で知り合う。兄の死後は、孫権を張昭と共に補佐。赤壁の戦いでは水戦で魏の曹操を攻めて勝利に貢献。益州への進軍を計画中に36歳の若さで病没。
【程普《ていふ》】盪寇将軍＊没年不明
父孫堅に仕える。孫権の一族が江南に勢力を拡大することに貢献した勇将の一人。父に仕えた武将の中で最年長だった。赤壁の戦いでも活躍し、２１５年以降に死去。
【黄蓋《こうがい》】偏将軍＊２１５年没
父孫堅、兄孫策に仕えて戦場で活躍。赤壁の戦いでは、曹操に投降の偽の手紙を送って火攻めを成功させた。部下・部隊の管理が上手く、異民族の反乱鎮圧にも活躍した。

【魯粛《ろしゅく》】横江将軍＊217年没

周瑜から孫権に推挙された。漢王室の復興は不可能なため、江南で一大勢力となることを孫権に勧める。劉備を利用して曹操と一致して戦うことを計画した人物でもある。


孫権は182年に生まれ252年に亡くなっています。

彼を補佐した名将・名臣たちの半数が彼より年上だとわかります。

赤壁の戦いでは作戦計画を周瑜が、戦闘の実務のトップを程普が務めました。

彼らは親子ほども年が離れていました（孫権はさらに若い）。

孫権は、赤壁の戦いの前には主戦派と降服派の両方から意見を出させて検討しました。

あらゆる議を出し尽くした上で周瑜と魯粛の主張を受け入れて決断したのです。

孫権は一旦決断したのち、目の前にある机を斬りつけて「以後、降服を説く者はこの机と同じにするぞ！」と固い決意を群臣に示したのです。

三国志の英雄ならどうする？ 51

全員に自由な意見をすべて出させて、あなたが決断する

名臣張昭が孫権に諭した、君主の役割とは

一方にしか意見を出させなければ、全体が結論に納得することは難しくなります。孫権は意図的に反対派（降服派）の意見も全体に披露させたかもしれません。

若くして軍団のトップになり、父と兄の勢力を継いだ立場ゆえの難しさがありました。重臣の何割かは、彼より職歴も戦歴もずっと長いからです。

彼らは自分たちこそ呉を支えてきた自負があるはずです。

年長・若手・積極派・慎重派などのバランスを取る必要もありました。その上で、自分の決断に従わせることが、孫権には求められたのです。

孫権は自分の影響力を行使できる優秀な若手家臣も登用していきます。2代目丞相には、周囲は張昭を推挙しましたが、孫権はあえて顧雍を指名しています。

「君主とは英雄・賢才を使いこなす者のこと」

右の言葉は孫権に、最高顧問とも言うべき張昭が伝えたものです。若きリーダー孫権は、この言葉を目標として人を動かす名君主となります。

彼がどうしてそうなれたのか、これから見ていくことにしましょう。

三国志の英雄ならどうする? 52

優れた者の能力を引き出して、使いこなす者が君主

14

人使いを極めた若き孫権のテクニック

若いトップの、自分が手本になれない悲しさ

若くして老舗のリーダーとなった人がどうしてもできないことが1つあります。
自分が手本となってみんなを導くことです。
製造業であれば自分より年季の入ったベテランが必ずいます。
経営でも自分より長く数字を見てきた経理担当者がいます。
これで会長（先代）がまだ存命の場合はさらに事情が複雑です。
長年意思決定をして、いまの社員を集めた人物が別にいるのですから。
孫権が19歳でトップになった時、まさに同じ状況でした。

父と兄が作った呉の軍団で、彼はベテラン参謀たちの年季にはかないません。
兄と同年代の周瑜たちの智謀にもかないません。
程普や黄蓋などの、勇猛な武将に戦いの強さでかないません。
このような単純な比較では、若い孫権には権威が生み出せないのです。

一般に、人を動かすには「権威」「権力」の2つがあります。
「権威」＝ある分野に抜きんでており信頼があるか、心理的に服従させる力
「権力」＝他人に何かを強制することができ、物理的に服従させる力

組織はすでにできており、人材もすでに豊富にいます。
孫権には地位としての権力はあっても、心理的な意味での権威はほぼゼロです。
どれだけ自分が頑張っても、能力のより高い人物が組織に必ずいる。
だからこそ、自分個人の資質以外の要素で権威を生まなければなりません。
若くしてトップになった者は、自分以外の権威を活用する必要があるのです。

三国志の英雄ならどうする？ 53

若いトップは、自分の資質以外にも目を向ける

一人の部下を良い見本として称賛し、全員を発奮させる

では心理的な効果としての権威はどう生み出せばよいのでしょうか。

精神科医のなだいなだ氏は『権威と権力』という書籍を残しています。なぜノーベル賞は、素晴らしい権威を持っているのでしょうか。

「では、ノーベル賞の権威というのは、どこにあるのだね」

「えらばれた人たちにあるのです。たとえば、文学でいえば、ジイドやカミュやヘミングウェーがえらばれていることで、それが賞にも権威を与えているのです。彼らの場合は、ノーベル賞をもらったから価値が高められたわけではありません。彼らに賞を与えることで、賞の価値が高められたのです。ヘミングウェーがもらうような賞という形でね」

「しかし、いつの間にか、賞そのものに権威があるかのように、賞を与える選考委員に権威があるように思われるのです。そこがおかしなところですね。そして、いつの間にか、人間は賞をもらうことをのぞみ、賞にえらばれることを名誉に思いはじめるのです」（書籍『権威と権力』Ｐ１３４）

勿論これは、権威が生み出される一つのパターンに過ぎません。

もしノーベル賞が、周囲があきれるような人に与えられるなら、どうなるか。

当たり前ですが、賞の権威は簡単に吹き飛んでしまうでしょう。


呉の武将で周泰という人物は兄の孫策に仕え、孫権が部下にした武将です。

周泰は少数民族山越との戦いで満身創痍になりながら孫権の命を守った勇将でした。

しかし身分の低い出身のため、軽蔑して言うことを聞かない部下が出ます。

そのとき、孫権は彼らの陣に出向いて宴会を行いました。

席上、孫権は周泰の上着を脱がせて皆に見せます。

彼の肌に刻まれた壮絶な数十の傷の由来を聞くためです。

全身に刀傷を負って孫権を助けた周泰は、戦いの一つ一つを思い出しながら説明します。

壮絶な経験談に、彼を軽蔑していた名門生まれの部下たちは自らの非を悟りました。


「孫権は周泰の臂《ひじ》をつかむと涙をあふれさせて、こう言った。『幼平、卿は私たち兄弟のために熊や虎のように勇敢に戦い、身命を惜しまず数十の傷を負われた。私はどうあろうとも卿を肉親同様に遇し、兵馬の指揮という重任をゆだねずにはいられない。卿は呉の功

臣である』」（書籍『正史三國志群雄銘銘傳』）＊幼平は周泰のあざな

孫権は、呉軍団の中で「手本となる人」を正しく選んで賞用しました。ある意味で、孫権はノーベル賞と同じことをしたのです。飛び切り凄い人物を賞用することで、孫権に権威が伝播したのです。孫権が褒め称えた周泰は、全身が刀傷で他の武将も身震いするような姿でした。

【孫権の人心掌握術①】
「リーダーの自分と部下ではなく、凄い部下と比較させて発奮させる」

彼の身体を見て、慢心していた他の武将や若手は自らの小ささを反省したのです。刀傷がスゴイのはあくまで周泰です。しかし「凄い人」を正しく選んで褒めた孫権の人心掌握術も凄かったのです。

三国志の英雄ならどうする？54

周囲の手本となる凄い部下を、トップが褒め称える

功労者への正しい待遇が、次の功労者を生み出す

周泰については、もう一つ孫権の人心掌握術が見て取れます。
呉と孫権に貢献した者を正しく待遇していることです。
決死の奮闘で孫権を守った武将の功績を彼は決して忘れず指揮官にしています。
これを表明することは、どんな効果があるのでしょうか？

「俺も周泰のように良い地位と待遇を手に入れたい」と周囲に思わせるのです。
こんな時、ずるい人間、ごまをするような人間を厚遇すればどうなるか。
当たり前ですが、同じことをして出世しようとする人間が激増します。
結果、まともに貢献することが他の部下もバカらしくなる悪循環が起こるのです。

【孫権の人心掌握術②】
「功労者を正しく待遇すれば、同じように褒められたい者が増えていく」

孫権は正しい功労者に、正しい待遇を与えました。

この決断は孫権個人のリーダーとしての資質です。
君主としての正しい人事評価は、新たな貢献者を生み出す好循環を生むのです。

三国志の英雄ならどうする？55

次は自分が褒められたいという人間を増やしていく

どの派閥も、孫権を中心にバランスを取らせる

新旧が織り交ざり存在した呉軍団は、様々な対立的な関係がありました。
張昭、張紘などのベテラン勢、若手、もともと呉地域の名門、他国出身者。
このような場合、落とし穴の一つは、バランスの欠けた形で派閥を扱うことです。
例えば3つの勢力がある場合、どれか1つの勢力に依存しすぎること。
すると残りの2つの勢力は、あなたの支配力に大きな不満を持ちます。
不満が高まるに任せれば、やがてあなたの支配力の脅威になるのです。
次の言葉は16世紀のイタリアで書かれた『君主論』の一節です。

古代ローマの皇帝は市民、貴族、軍隊の異なる3つの勢力に囲まれていました。

「(皇帝マルクス)彼は多くの美徳を一身にそなえ、人々に敬われて、存命中は、両者(兵士と人民)の勢力範囲を一定にとどめて、一度も恨みを受けたり、侮られたりしなかった」(書籍『君主論』中公新書 19章)

3つの勢力のバランスを取れなかった皇帝は暗殺など悲惨な最期を遂げています。バランス良く各勢力の期待に応えることは、君主の地位を強固にします。会社のトップが各方面から支持されれば、地位は強固になります。バランスを取ることで、他の勢力を牽制する力にもなるからです。


孫権は、異なる勢力のバランスを巧みに取りました。

のちに天下三分の計を実現する呉の魯粛は、200年に孫権と出会います。参謀の周瑜が兄の後を継いだ孫権に彼を紹介したのです。

(魯粛は周瑜より3歳年上だが、200年にはわずか28歳)

魯粛は漢王朝がすでに衰微しており、江南で独自勢力として拡大することを主張。19歳の孫権は、28歳の魯粛の策を熱心に聴きました。

その姿を見て面白くないのは張昭ら、ベテランの臣下たちです。
とくに兄孫策から重用された張昭は、若い魯粛を嫌悪していたと言われます。
しかし呉の重鎮が苦い顔をしても、孫権は一向に気にしませんでした。
若くともその才と提案が正しければ、孫権は断固支持したのです。

孫権は巧みにベテランと若手を競争させたとも言えます。
常にベテランの意見が通るなら、若手は腐ってしまいます。
どんなによいアイデアがあってもやがて口を開かなくなるでしょう。
一方でベテランは「年季」により優遇されて傲慢になりやすい。
（当然、この逆もあり得る）
孫権はこういう事態を防ぐため、自分を評価者にしてベテランと若手を競わせます。

【孫権の人心掌握術③】
「献策や貢献で、ベテランと若手など各派閥を競わせ、自分が評価者になる」

もちろん孫権はベテラン勢が腐ってしまうことも巧みに防ぎます。
最古参の一人張紘は赤壁の戦いから3年で亡くなりますが、孫権は彼の残した献策を実行します。彼の提案を尊重し、首都を建業（現在の南京）に遷都したのです。

三国志の英雄ならどうする？56

派閥は偏らせず、正しい貢献を目指して競わせよ

人の感情は管理できない、だから物理的な距離を管理する

一人の人間は複雑です。
何らかの恨みや遺恨があれば、問題は大きくこじれます。
豪勇の武将甘寧は、もともと他国に仕えていた人物でした。
彼はその国では厚遇されず、機会を見て呉に亡命しています。
孫権は彼を旧来の部下と変わらず扱い、彼の実力を大いに発揮させます。
しかし甘寧と呉の武将の一人には、強い遺恨がありました。
甘寧は一時期呉と戦い、武将の凌統の父を射殺していたからです。

二人は宴会の席上で、一触即発の事態に発展する危機を迎えます。
これを知り、孫権は甘寧の駐屯地を変えます。
二人を物理的に会わせないようにしたのです。
どれほど優れたリーダーでも、あらゆる人を説得することはできません。
人生経験豊富なリーダーでもない若い孫権には、特に難しいことです。
彼の賢さは、できないことをやろうとしなかったことです。
遺恨のある二人の任地を離れさせて出会う機会を奪いました。
人事と赴任地を決めることは、彼の一存で可能だったからです。

【孫権の人心掌握術④】「人事と任地、チーム編成の効果を最大限使い、不和を解消し成果を拡大する」

物理的な距離やチーム編成などは、リーダーの説得力とは違います。
実行した直後から、実際の影響力が発揮されるからです。
中には組み合わせることで最高の効果を発揮する場合もあるでしょう。
管理できないことで悩まず、管理できることで側面から解決する。
孫権の組織管理術は、軋轢の多い呉において抜群の効果を発揮したのです。

三国志の英雄ならどうする？
57

人を説得するよりも、物理的な環境を変えてしまえ

孫権を優れた第二創業者にした兄の言葉

戦で天下の覇を競うのは俺のほうが優れているが、
才能ある者を使いこなし、
江東に勢力を守るのはお前のほうが一枚上手だ。
（死の間際、兄が孫権へ残した言葉）

『正史三國志群雄銘銘傳』より、陳寿の孫権評

身を屈して辱を忍び、才に任じ、計を尚び、
勾践の奇英あり、人に傑れしものなり

孫権の人心掌握術：5つの方法

① 周囲の手本となる部下を褒め称える

② 危機を機会として利用し、集団を強く一致団結させる

③ 派閥は偏らせず、貢献を目指して競わせる

④ 人の感情を管理するより、物理的環境を変えて対処する

⑤ 集団が繁栄して豊かさを享受できる目標を掲げて、発奮させる

15

グループが最大の繁栄をする目標を選んだ孫権

リーダーがなすべき4つのタスクと孫権の比較

国際的な戦略コンサルティング会社のマッキンゼー・アンド・カンパニー。その企業で長年人材育成、採用マネージャーを務めた伊賀泰代氏の著作『採用基準』（ダイヤモンド社）には、リーダーがなすべき4つのタスクが挙げられています。

1. 目標を掲げる
2. 先頭を走る
3. 決める
4. 伝える

４つは成果を達成するために必要なことだと、伊賀氏は指摘しています。達成することで集団が報われる目標を掲げなければ、周囲を引き寄せ、行動させることはできません。先頭を走り、困難を引き受けながら突き進まなければ、組織は動きません。マラソンでペースを作るのは、常に先頭のランナーです。

どちらかを選ぶ決断をしなければ、物事は先に進みません。困難を前に、集団に不穏な空気が漂うときも、リーダーはそれを払拭するメッセージを全体に伝える必要があります。

孫権は群臣の意見を取り入れて、江南の地で一大勢力となることを目指します。彼は15歳前後から兄に従って従軍していました。兄が亡くなった19歳の時には、呉は盤石な地盤を持っているとはとても言えない状態でした。

「この当時、呉がおさえていたのは、会稽・呉郡・丹楊・豫章・廬陵だけで、しかも（これら諸郡の中でも）奥地の険阻な地域はすべてが服従しているわけではなかった」（書籍『正史三国志呉書Ⅰ』）

孫権は、北方にいた曹操が支配する漢王室から討虜将軍に任命されます。

呉は現状の巨大勢力と対立せず受け流し、足場を固め勢力を広げたのです。形式上は漢と曹操に服従して、孫権はまず周辺異民族を征服していきます。

書籍『採用基準』では、人間は本来合理的なものだと指摘しています。勝てるリーダー、一緒に戦って自分も報われるリーダーを人は選ぶからです。今の場所からどこに向かうのか、そこに辿り着くことで自分たちが豊かになれるのか。誰もが迷うことに決断を与え、トップは全体を効果的に率いてくれるか否か。

赤壁の戦いで曹操の挑戦状を前に、呉の臣下はだれもが震え上がったといいます。その上、名門出身の張昭らは孫権に降服を勧める始末でした。彼らは君主が孫権から曹操に代わっても、名門故に重用されるからです。ところが新興勢力である孫権一族や若手は、そうはいきません。孫権一族はよくても閑職、悪くすれば殺されるかもしれないのです。戦況や戦力を冷静に見極めて「戦う」という決断をすることが求められました。孫権の決断に、名門出身でない者、夢を持つ若手は勇気づけられたのです。勝てる相手、勝てる場所を見極めた点でも孫権はリーダーの資質があったのです。

三国志の英雄ならどうする? 58

トップは、集団に繁栄と豊かさを与える目標を掲げよ

集団を奮い立たせ団結させるため、敵をうまく創り上げる

孫権は若いときから権謀術数に長けた人物でもありました。

中でも、敵を創り上げて、呉全体を一致団結させることに巧みでした。

魏の文帝（曹丕）が新しい王朝を建てたとき、孫権は次のような言葉を残しています。

「ひとまずはおのれを卑しく後から大きく出るのがよい。おのれを卑しくすれば目をかけられて（官位も高くなり）、のちに大きく出れば必ず討伐をまねくであろう。討伐を受ければ配下の人々の敵愾心をあおることができる」（書籍『正史三国志呉書Ⅰ』）

魏についで蜀の劉備も皇帝を名乗ったため、孫権は自らも可能性を探ります。

しかし肩書がいまだ小さいため、まず魏に臣従するふりをして王朝から大義名分となる

肩書をもらい、そのあとで言うことを聞かなくなればよいと判断したのです。
興味深いのは「配下の人々の敵愾心をあおる効果」を期待している点です。

孫権が呉の皇帝として権威を身につけたあと、敵が攻めてくることの効果。
これを彼は、部下が魏という敵を前に奮い立ち一致団結する機会と考えたのです。

リーダーとは外界の翻訳者だとはよく言われます。
集団に、トップが現状を定義して説明することが必要だからです。
今、自分たちがどんな状態に置かれて何が求められているのか。
何を打破する必要があるか、どんな戦いをすれば栄光と勝利が手に入るか。
孫権の言葉には、翻訳者としての自らの手腕に自信が見てとれます。
危機を前に、敵の姿を明確に説明できるなら、集団の力を倍加できます。
このようなことができるリーダーは、危機さえチャンスに変えてしまうのです。
孫権の人生は、視点を変えれば危機の連続です。
小さな領土の時に若くしてトップになり、魏と蜀と争う時代に生まれています。
しかし敵の姿を正しく翻訳できた彼は、危機を何度も飛躍の機会に変えたのです。

三国志の英雄ならどうする？
59

危機を機会として利用し、集団を強く一致団結させよ

孫権の、うわべに囚われず大切なものを見抜く眼力

曹操の次の文帝（曹丕）の時代、魏は呉に高価な贈り物を要求したことがありました。珍しいお香、真珠、象牙、サイの角、翡翠などです。

しかし荊州と揚州からすでに呉は毎年貢納の品を魏に差し出していました。追加の要求という魏の無礼さに、呉の群臣は断るべきと孫権に伝えます。

しかし孫権は涼しい顔で、古代中国の恵施《けいし》という人物の言葉を紹介したのです。

「ここにある人がいて、その愛し子の頭をなぐりつけたくなったとする。しかし石をなぐることでそれに代えた。息子の頭は大切なものだが、石はどうでもよいものである。どうでもよいもので大切なものの代わりをさせた。なにの不可があろう」

「いまわが国は、西方の蜀、北方の魏と事をかまえており、江南の民衆たちは主君を生命と恃《たの》んでいる。彼らこそおれの愛し子ではないか。魏帝が求めているものは、われわれには瓦石にすぎぬ」（共に書籍『正史三国志呉書Ⅰ』）

孫権は表面的なこと、本質から外れたこと、メンツにこだわりませんでした。

表層的なこと、自分のメンツなどから自由に離れ、合理的な判断ができること。

乱世の英雄の一人、孫権が皇帝として人生を全うできた理由でもありました。

○それは本当に重要なことか？
○両者を比較して優先順位の高いものはどちらか？
○くだらないメンツにこだわっていないか？
○名よりも実をとれているか？
○くだらない建前論に縛られていないか？

呉の孫権は、赤壁の戦いでは劉備と結んで曹操を打倒しました。

しかし息子の曹丕が皇帝になったときには、魏に臣従に近い形をとりました。

関羽が魏の樊城を囲み、勢力を拡大しそうな時は、背後から襲い敗死させました。蜀の劉備は、義弟関羽の死に怒り、２２２年に呉を大軍で攻めますが撃退されます。

ところが劉備の侵攻と前後して、魏の曹丕が張遼らを派遣して呉を侵略しました。呉は多数の武将を派遣して魏の侵攻を食い止めようとしますが、呉の内紛もあり上手く対抗できませんでした。孫権は次のような手紙を曹丕に書いています。

「もし私めの罪がつぐないがたいもので、どうしてもお見のがしいただけぬのであれば、土地と人民とを奉還いたし、交州にあってこの生命を生きながらえ、余生を過ごしたくお願い申し上げます」（書籍『正史三国志呉書Ⅰ』）

魏の文帝（曹丕）は、孫権の息子、孫登を魏の都へ送るならすぐに兵を撤退させようと回答します。魏も、孫権の臣従の態度を形だけだと疑っていたのです。

魏軍に侵略され、息子を人質に要求された孫権は、なんと蜀に詫びを入れます。関羽を殺して劉備を撃退した孫権が、友好関係を回復させるよう呼びかけたのです。

蜀の側も、呉に敗戦した直後に呉が魏に滅ぼされたなら、一つの強者と弱者の蜀が残されることになります。孫権の申し出を拒むわけにはいかなかったのです。

孫権は古い方針に頓着せず、状況に合わせて臨機応変に対応しました。

「身を屈して辱を忍び、才に任じ、計を尚び、勾践の奇英あり、人に傑れしものなり」

（書籍『正史三國志群雄銘銘傳』）

まさに右の言葉の通りです。

私たちは、ともすれば状況が変わっても自分の方針を変えないことがあります。
昨日、ケンカしたばかりの相手にこちらから詫びを入れる。
これは誰でもやりたいことではありません。
人間にはメンツもあれば、プライドもあるからです。
しかしここでプライドにこだわれば、国が敗れるか息子が魏の人質になるかです。
プライドやメンツ、枝葉を捨てても実を取る孫権の決断がここでも光ります。
孫権が頑固な人物ならば、223年に三国で一番早く滅亡したかもしれないのです。

三国志の英雄ならどうする？ 60

プライドやメンツ、枝葉をバッサリ捨てて実を取れ

人使いを極めた男の勝利と、晩年のきしみ

孫権は70歳で天寿を全うしてこの世を去りました。

曹操が65歳、劉備は62歳、孫権は一つ世代が若いのでその後を見ています。

蜀の劉備が孫権を攻めたとき、呉の趙咨《ちょうし》という人物が魏に派遣されました。

文帝（曹丕）が孫権の主君ぶりを尋ねたとき、趙咨は次のように答えています。

「魯粛を平民の間から取り立てられました。これが呉王の聡です、呂蒙を兵士たちの間から抜擢されました。これが呉王の明です。于禁を捕えながら殺さずに釈放されました。これが呉王の仁です。荊州を手に入れるとき、兵器に血ぬることがございませんでした。これが呉王の智です。三つの州に拠りつつ虎視眈眈と天下を窺っておられます。これが呉王の雄です。身を屈して陛下に臣事しておられますが、これが呉王の略なのでございます」

（書籍『正史三国志呉書Ⅰ』）　＊于禁は魏の武将、関羽に捕らわれていた。

人を見抜き、良い人材を抜擢し、権謀術数に長けてプライドを捨てて実を取る。

まさに孫権の姿を言い当てたものだと言えるでしょう。

大国に使者として向かい、このようなセリフが吐ける趙咨という人物を選んでいること自体、孫権の人使いの巧みさを表わしています。

人使いの巧みなトップとして呉の皇帝になった孫権ですが、晩年は愚かな軍事侵攻を行い、跡継ぎの選定で過ちを繰り返しました。

彼が同格の跡継ぎ候補を立てたため、呉の家臣団は二分されて大混乱を招きます。

そのうえ愛妾の嘆願から、皇太子候補にしていた二人を廃位してしまいます。

末子の孫亮を次の皇帝に指名しますが、廃位された太子を補佐していた名将の陸遜は憤死、後事を託した重臣の一人、諸葛恪はのちに暴走し、呉の政治・軍事は大混乱となります。

孫権は若いころから嘱望され、父や兄に仕えた重臣たちに囲まれて歩んできました。

時代が流れ、その重石が外れたとき、彼自身の過ちを止める人物がいなくなります。

生まれながらに重臣や名臣に囲まれていた孫権は、正しい批判やアドバイスを得る機会が、ごく自然に環境の中にあると思い込んでいたのかもしれません。

しかしそれは、強く意識して自ら手配をしなければ、すぐに消えゆくものでした。

『正史三国志　呉書』より、

息子の頭は大切なものだが、
石はどうでもよいものである。
魏帝が求めているものは、
われわれには瓦石にすぎぬ

↓

うわべに囚われず、本質的な価値や大切さを見抜く
トップとして重要な孫権の資質

魏が強ければ、
臣従のふりを
平気でする

関羽を殺し、
劉備を破りながら
和睦を乞う

珍しい宝でも、
単なるモノなら
魏帝に
与えてやる

風向きは変わるのだから、時々の便宜に従え!
本当に大切なものを守るなら、あとは枝葉である。
トップはくだらぬプライドは簡単に捨てて、実を取れ

孫権は権力を拡大しながらも、彼の襟を正せる人物を周囲に集めませんでした。それが彼の晩節を汚す、大きな落とし穴となったのです。

三国志の英雄ならどうする? 61

年を重ね権力を得るほど、批判を受ける機会を得よ

第五章

曹操を選ばなかった諸葛孔明の狙いとは

16

曹操を選ばなかった諸葛孔明の狙いとは

劉備軍団の運命を激変させた、一人の男

三国志で最も有名な人物の一人が諸葛孔明でしょう。

181年に生まれ、彼は206年に劉備と出会います。

遥か年上で既に英雄の一人として名の通った劉備が、三顧の礼で迎えました。

(孔明は当時わずか25歳、劉備は45歳)

地方勢力の劉表が支配した荊州は、比較的戦乱が少ないエリアでした。

劉表が賢者を集めて学士の集団ができ、孔明も多くの若者と研鑽を積んだ一人でした。

彼は若い頃、「梁父吟《りょうほぎん》」という詩を好んで歌い、自らを管仲、楽毅に例えました。

管仲は春秋時代の優れた政治家、楽毅は戦国時代の燕の名将軍です。

「梁父吟」は、古の3人の勇者をたった2つの桃を使う策謀で滅ぼしたという内容です。

若き孔明が、知力は武力よりも強力だと信じていたことが窺えます。

彼とごく近い人たち（徐庶、崔州平など）だけが孔明の秘めた実力を認めていました。

学友の多くは学問の精緻さ（細かな点）を競っていました。

しかし孔明は、おおまかな理解をすることを主眼に置いていました。

彼は学友3人を前に次のように言ったことがあります。

「『君たち三人は、仕官すればきっと刺史・郡守にまで昇ることができるだろう。』三人が諸葛亮はどうだと質問すると、彼はただ笑うだけで何も言わなかった」（書籍『正史三国志蜀書』）

彼は大志を胸に抱きながらあからさまにはせず、静かに時を待っていたのでしょう。

自らの才覚に自信を持ちながらも、仕官を焦らず、じっくり世界を窺う者の姿です。

自分という才能を、どの機会、どの波に乗せるべきなのかと。

時代や機会、社会環境の変化がチャンスをもたらすのを待っていたのです。

三国志の英雄ならどうする？62

才能や志とともに、参入する業界や機会を厳選する

ビジネスでも、どこに参入するかは大きな運命の分かれ目です。
斜陽産業に入れば、どれほど才能があっても飛躍は難しいからです。
１９５０年代の造船業、１９６０年代の炭鉱業など最盛期を終えた産業があります。
１９９０年代にはＩＴバブルが膨らみ破裂をしたことは覚えている方も多いでしょう。
数年前は、ＳＮＳなどのコミュニケーションツールなどが大きな波を迎えていました。
斜陽産業でも活躍の場は当然残されています。しかし数は確実に減っているのです。
逆に成長産業では、平均年収もトップの年収も確実に高いものです。

産業の盛衰により、産業や会社を選んだ時点で追い風か向かい風かが決まります。
自らを飛躍させるには、才能や志以上に、飛び込む場所こそが重要なのです。

すでに精強だった曹操につかなかった諸葛亮

孔明が荊州で研鑽を積んでいる時期に、すでに曹操は勢力を拡大していました。
曹操は２００年に官渡の戦いで勝利、北方地域の最大勢力となっています。
乱世の英雄として鳴り響き、優れた人材を何より求めていた曹操の陣営。
しかし孔明は、曹操の陣営に参加しませんでした。

「孟公威が郷里を懐かしんで、北方へ帰りたいと願ったとき、諸葛亮は彼に向かって、『中原には士大夫がたくさんいる。遊楽はなにも故郷にあるとはかぎらないだろう』といった。」（書籍『正史三国志蜀書』）

理由の一つに、曹操陣営の膨張がすでに完了していたことが挙げられます。
当時曹操の片腕だった荀彧は、１９１年に曹操と出会って臣従しています。
その年の孔明はわずか10歳。それから曹操軍団は膨張をくり返していました。
ビジネスで言えば、すでに創業メンバーを集める時期は終わっていたのです。
『正史三国志』に注釈を入れた裴松之《はいしょうし》は、孔明の志を次のように書いています。

「かりにも功業が成就されず、理想を遂行できないのを気にせず、宇宙よりも大きな志を持ちながら、あくまでも北方（魏）に臣従しなかったのは、つまりは権力がすでに移行し、漢朝がまさに滅びんとするにあたって、皇族の英傑を輔佐して、衰微断絶の状態にある王朝を立て直し復興することを自己の責務としたがためである」（書籍『正史三国志蜀書』）

孔明は自分という人間を省みて、もっとも情熱を注げる目標を探したのです。
すでに大地から飛び立っている曹操集団に参加しても大きな変革は起こせません。
孔明の加入する前から、曹操たちはもう成功をし始めていたからです。

私たち人間はそれぞれ異なり、資質も違います。
情熱を傾けることができる対象も、人それぞれ違います。
孔明はすでに大企業となった会社で働くのは面白くないと思ったのでしょう。
伝統ある漢王朝を復興させる大義も、彼の胸を熱くしたかもしれません。
孔明は自らの資質に合った、極めて難しい道をあえて選びました。
飛躍を前にした機会、小さな組織で創業メンバーとなれる集団。
彼は自分の居場所、人生を賭けることができる目標に燃えました。
恐らく、他の人物では劉備を皇帝にはできなかったのではないでしょうか。

孔明は自分にぴったりの機会と目標を探して、それを見つけました。だからこそ、自らの人生を完全燃焼させることができたのです。

三国志の英雄ならどうする? 63

自分が情熱を注ぐことが出来る、花開くまえの機会を見つけよ

流浪の傭兵軍団の戦略から、王者となる戦略への転換

孔明が劉備に授けた「天下三分の計」は、流浪の劉備軍団が天下を取る計略でした。南の孫権（呉）と同盟し、曹操（魏）に対抗する。両者のあいだで勢力を拡大しながら、西方の豊かな巴蜀《はしょく》の地を根拠地にする。関羽が樊城で敗死するまで、史実はほぼ孔明の計略通りに進みました。

２０８年に赤壁の戦いで勝ち、２１４年には蜀に侵攻、２２１年には劉備が皇帝に。２人の出会いは２０６年ですから、とんとん拍子と言ってよいでしょう。ビジネスなら、冴えない中小企業が孔明の加入で株式上場を果たすようなものです。

劉備は根拠地がなく、劉表に飼い殺しにされていた客将だったのですから。
この飛躍をもたらしたのは孔明のある戦略転換です。
劉備は過去、陶謙、呂布、曹操、袁紹、劉表と名だたる陣営を転々としました。
しかし各陣営に参加しても、あくまで劉備は利用される立場に過ぎませんでした。
劉備には求心力があり、他陣営で膨張することは危険視されたからです。

ところが、天下三分の計では呉との同盟で、重要な足掛かりを得ることになります。
呉からすれば、劉備を曹操への防波堤に使うことができるからです。
そのため、呉の魯粛は劉備に荊州を貸し与える案を孫権に提示しています。
「劉備軍団をある程度は育てて」、効果の高い防波堤にするためです。

「荊州を劉備に貸し与えられて、彼にその地の人々を手なずけさせられるのがよろしゅうございます。曹操の敵を多くし、味方の勢力を強力にするのが、最上の計略でございます」（書籍『正史三国志呉書Ⅱ』より魯粛の策）

しかしこの時点で荊州は完全に呉のものではなく、むしろ南下して赤壁まで来た曹操陣営の影響力が強い地域でもありました。呉の陣営からすれば自分たちの確固とした領土を劉備に渡すのではなく、魏の影響力が強い地域に劉備を押し出す形になったのです。

魯粛は孫権に、劉備を手許に置いてはいけないことも指摘しています。

以前の劉備ならば、呉と同盟せずに、呉の客将になってしまったでしょう。

あまりに近すぎて、力を持たせることが不安になる距離です。

孔明は賢明に、適度な距離とポジションで、呉が劉備を支えてもよいと思わせます。

呉に「応援してもよいな」と思わせる立場を巧妙に設計したのです。

傭兵のままでは、単なる便利屋で終わってしまいます。

ビジネスでも便利屋は、必要なときにしか呼ばれません。

下請けも大きく育てすぎると使いにくくなります。

劉備軍団が大きくなることと、相手の利害が一致していないのです。

劉備や関羽、張飛はそれまで20年間近く戦い続けてきました。

ビジネスなら、お客のニーズや問題解決に20年間駆り出されるようなものです。

劉備たちが客将として、持てる力を振り絞って戦ってきたのは事実です。

しかし自らが膨張できる立場（ポジション）を、創り上げてはこなかったのです。

三国志の英雄ならどうする? 64

やみくもな努力ではなく、追い風を受ける立場をまず作れ

17

徹底して爪を隠した若き日の司馬懿

曹操を避け続け、仕えたあとは長男に取り入る

魏の曹操に仕えて、孔明の北伐を撃退した司馬懿（あざなは仲達）。
彼は179年に生まれ、孔明より2歳年上。
8人兄弟の2番目で、全兄弟のあざなには「達」の文字が入っていました。
名門の家で幼少期は厳格に育てられ、いくつもの古典を諳んじるほど学びます。
兄弟の中でも彼は飛び抜けて優秀だと言われていたのです。

201年には推挙されて首都の許に出向きます。
曹操は若く才能のある司馬懿に興味を持ちますが、司馬懿は病気を理由に辞退。

実際は、漢王朝が落ち目であることを見抜いた司馬懿の仮病でした。

曹操は司馬懿の病気を怪しんで、夜に調査へ人を派遣しますが司馬懿は察知。監視されたとき、じっと動かず寝ていたので怪しまれませんでした。

しかし曹操が丞相となり、2度目の仕官の命令があり、司馬懿は恐れて受諾。やがて曹操陣営でも実力を認められることになります。

司馬懿は自らの野心を隠し通せる慎重さとずるがしこさを併せ持っていました。曹操は司馬懿の姿から、強い警戒心を持っていたのです。

「曹操は『司馬懿は人臣に非ざるなり。必ず汝が家の事に預からん』、つまり彼奴に我が家を乗っ取られるぞ、と注意した。しかし、当時太子だった曹丕《そうひ》は司馬懿と仲が良く、事あるごとに彼をかばった。司馬懿もまたひたすら職務に精励したため、やがて曹操も警戒心を解いた」（書籍『正史三國志群雄銘銘傳』）

司馬懿がもし、曹操の長男曹丕と仲よくならなければ殺されていたでしょう。曹操は一族のため、有力な家臣の荀彧に自殺を命じるなどしていたからです。

家族のため、天下を取ったのち曹操は軍内の危険分子を取り除いていたのです。乱世の奸雄と言われ、荒波を潜り抜けてきた曹操は、司馬懿の危険性に気づいていました。

しかし司馬懿は、唯一曹操の弱点である曹丕という息子とくっついたのです。

合理的精神と冷酷さを持つ曹操も、自分の息子だけには弱かったのです。

それも跡継ぎとなる皇太子なのですから、一定以上の発言権を持っています。

司馬懿は、類まれな英雄である曹操の、唯一の弱点を突きました。

曹丕が魏の皇帝となったあと、司馬懿は彼の帝国を支えています。

その意味で、二人の友情は本物だったかもしれません。

しかし司馬懿が曹丕に目をつけたのは、自らを守る兵法の原則に従ったからです。

三国志の英雄ならどうする？　65

どんな強者にも必ず弱点はある、そこを突く

魏に参加して42年もの時間をじっと待った男

得体のしれない人物だと曹操から疑われていた司馬懿。

しかし曹丕が皇帝の時期は魏に忠誠を誓い活躍しています。

魏の初代皇帝となった曹丕は２２６年に死去。

６歳で弓術を会得し、11歳から父にしたがって従軍していた彼は文学の才能もある人物でした。しかし40歳は早すぎる死であり、魏と曹操一族の支配はゆらぎます。


曹丕は後継者争いで、一時は才能のある他の兄弟と競ったことがあります。

そのため帝位につくと兄弟たちを僻地に追いやり、勢力を削ることに熱心でした。

結果として、曹操の血筋は弱体化し、司馬懿が権力を握る機会を創りました。


司馬懿は、曹丕の時代は「四友」の一人、重臣として活躍します。

曹丕は死に臨み、司馬懿を含め４人の重臣に息子曹叡を補佐するように頼みます。

曹叡の時代には、司馬懿は蜀の諸葛亮の北伐を防ぎ、北方の公孫淵を滅ぼします。

司馬懿がクーデターを起こしたのは、３代目の皇帝曹芳の時代です。

当時は、曹芳の後見人として曹一族の曹爽と司馬懿の二人がいました。
曹爽は、司馬懿にあまりに権力が集まりすぎるため、彼を名誉職に追いやります。
司馬懿は、すぐに対抗するのは不利だと考えて10年間は雌伏の時を過ごします。
曹芳《そうほう》が皇帝になったとき、司馬懿はすでに60歳です。
10年、２４９年に運命の時がやってきました。
曹芳皇帝と曹爽《そうそう》ら一族は、父の墓に参拝するため一緒に都を離れます。
雌伏していた司馬懿は、都の武器庫を一気に占領し、曹爽兄弟の官位を剝奪。
謀反を企てているとの偽の罪をかぶせて、曹爽らを捕らえてすぐに処刑します。
電光石火の行動で、曹爽の関係者はすべて捕縛されて処刑されました。
なんと70歳で司馬懿は魏の権力をほぼ簒奪することに成功したのです。
曹操に仕えて42年。しかし彼には身を守り、待つ執念があったのです。

三国志の英雄ならどうする？66

目標を手離さず、機会を狙い続ける執念も力である

ずる賢さと、身を守る世渡りの巧妙さ

もちろん、司馬懿はただ漫然と時を待ったわけではありません。

曹爽は司馬懿の権力を段階的に取り上げ、一族に兵権を集中させていきます。

しかし曹爽は軍事指揮の経験が浅く、蜀と呉の戦いでは何度も失策を重ねます。

司馬懿は大きく逆らうことを避け、相手の苦境に助言や助け船を出しています。

クーデターの1年前には、司馬懿は認知症の仮病まで使い、耄碌《もうろく》した姿を曹爽の手下の者にわざと見せています。手下は「司馬懿はもう死人にわずかの命が残っているだけ」と報告。しかし、これは相手の油断を誘う司馬懿の計略でした。


曹爽とその兄弟は、魏帝国を創始した曹操の一族の血筋です。

そのため、彼らが失策を重ねてしかも油断をするまで司馬懿は待ったのです。

恐るべき老獪さと辛抱強さです。


曹爽らが司馬懿を排除したことが、クーデターにつながったと考えることもできます。

3代目皇帝の曹芳の時代まで、司馬懿は魏に尽くしてきたのですから。

曹爽は司馬懿をおだて上げて、忠臣に留める対策をすべきだったのかもしれません。何よりここに見えるのは、司馬懿の人間としての強さ、頑強さです。本当に優れた者は、時間が経つに従い鋭利な刃物のように洗練されていきます。一方で、なまくらの刀は時間と共に切れ味が落ち、すぐに錆びついてしまうのです。老衰でボケた演技までしてみせた司馬懿の巧妙さには、驚くべきものがあります。これは軽薄な頭の良さではなく、時間の経過に負けない辛抱強さと強烈な執念です。知恵の発露という意味で人間としての強さなのです。

貴族として生まれついた曹爽にはその強さはなく、百戦錬磨で謀略の得意な将軍だった司馬懿にはそれがあったのです。

三国志の英雄ならどうする？ 67

軽薄な賢さより、人間としての強さで勝者となる

相手の弱みを使うことを躊躇しない司馬懿

小説『三国志演義』は、司馬懿を諸葛亮の好敵手として描いています。

しかし史実を考えると、軍事と謀略では司馬懿は孔明を圧倒しています。

孔明は5度にわたる北伐、つまり蜀軍を率いて魏への侵略を行いました。

残念ながら大きな成果を挙げられず、司馬懿や魏の武将たちに侵略を阻止されています。


【孔明と司馬懿の北伐での目標】
○蜀側＝魏の打倒
○魏側＝蜀の侵略の阻止

孔明は意図を実現できず、司馬懿たちは見事にその目標を達成したからです。

もう一つ考えるべきは、司馬懿の戦略や謀略にある根本原理です。

彼の理論は「相手の弱み」にとことん焦点を合わせることにあります。

群雄を打倒してのし上がった曹操も、実の長男には甘い面がありました。

どんなに冷酷無比な武将であっても、曹操も人の親だったということです。

彼が唯一油断することが、自分の跡継ぎを忠実に補佐する役割だったのです。司馬懿は当然、それを理解した上で曹丕の親友かつ片腕になりました。

一度は蜀の武将であった孟達は再び蜀に帰るため裏切りを画策します。それを察した司馬懿は、孟達に彼の忠節を誉める手紙を急いで送ります。この手紙を読んで孟達は喜び、反乱の準備を怠りぐずぐずと時間を浪費。司馬懿は手紙を届けてすぐに軍を率い、孟達の城をわずか8日後に包囲します。孟達を油断させることで司馬懿は優位に戦い、孟達を斬ります。

三国志の英雄ならどうする？68

人間の弱さを知り、常に相手の弱みを突き続ける

司馬懿は人生でも戦争でも、常に敵の弱みに焦点を合わせて戦いました。普通の人間が長い時間を待てないことも、彼は承知していたでしょう。曹爽は時間をかけた司馬懿の計略に、なすすべもなく敗れ処刑されました。司馬懿の強さは、勝負において人間の弱さを常に突いたことにあるのです。

18

政治統治者としての諸葛亮の凄さ

蜀帝国の建国における、諸葛亮の功績

ある分野では司馬懿が諸葛亮を圧倒していると先に書きました。

しかしこの分析はややアンフェアな点を持っています。

諸葛亮は政治家としての活躍が多く、軍師の役割は本来目指していなかったからです。

208年、赤壁の戦いのあとに、彼は軍師中郎将に任命されます。しかし実際の業務は内政責任者であり、長沙、桂陽、零陵の3郡の監督と租税徴収などを担当します。

劉備軍団が成都を占領したあとも、兵士の確保と軍糧の補給業務を中心に活動。

221年に劉備が皇帝となり、孔明も丞相となります。

では、諸葛亮の政治はどのようなものだったのでしょうか。

「諸葛亮は丞相になると、民衆を慰撫し、踏むべき道を示し、官職を少なくし、時代にあった政策に従い、まごころを開いて、公正な政治を行った。忠義をつくし、時代に利益を与えたものは、仇であっても必ず賞を与え、法律を犯し、職務怠慢な者は、身うちであっても、必ず罰した」

「罪に服して反省の情をみせたものは、重罪人でも必ずゆるしてやり、いいぬけをしてごまかす者は、軽い罪でも必ず死刑にした。善行は小さなことでも必ず賞し、悪行は些細なことでも必ず罰した」

「あらゆる事柄に精通し、物事はその根源をただし、建前と事実が一致するかどうか調べ、うそいつわりは、歯牙にもかけなかった」（いずれも書籍『正史三国志蜀書』）

「孔明は、法正、劉巴、李厳、伊籍らと協力して、『蜀科』と呼ばれる法律を制定、劉璋時代の弛んだ政治に狎《な》れた人心を引き締めている」（書籍『正史三國志群雄銘銘傳』）

諸葛亮は優秀な人物の協力を得て、国家としての蜀を機能させる法律を制定します。彼の制定した法律で、蜀は統治の基本形を得たとも言えるのです。彼の死後、蜀を保った蔣琬《しょうえん》、費禕などの人物も孔明が抜擢した人材でした。

法律はその国の基本行動を制定するもので、政治統治者として公平無私に判断をすることは、法律に従う庶民に強い納得感を与えます。厳しい法律を課しながらも身内だけ優遇をして甘ければ、庶民に不満はたまり、黙っていないでしょう。

現代ビジネスパーソンは、国家の法律は作らなくとも組織の就業規定や会社のルールを作ることはあります。その際に重要なのは、建設的な行動が加速されるルールであること、自ら模範を示すことです。

ルールを作った者が自ら守れなければ、当然他の人も従うことが馬鹿らしくなります。諸葛亮は人を区別せず、正しく法律を適用したので、厳しくとも人は不満を抱かず、蜀の市民生活は安定し、軍隊は規律を守り、整然と戦ったのです。

三国志の英雄ならどうする? 69

組織を正しく保つため、ルールと規範を創り上げる

政治家として一流でも、武将としては及第点

一方で、軍事指導者としては残念ながら司馬懿には劣る点があります。

孔明が本格的に軍事指導者となるのは、225年の南部4郡の反乱平定からです。皇帝の劉備が亡くなった223年以降であり、関羽、張飛、馬超、黄忠などの勇将はすでに他界していましたが、孔明は南征を成功させます。

魏への侵攻、北伐を孔明は行いますが、第1回は内応するはずの孟達を司馬懿に倒され、第2回の北伐では孔明が要所に配置した馬謖《ばしょく》の判断ミスで魏軍に敗れ、いずれも撤退を余儀なくされています。


「政治のなんたるかを熟知している良才であり、（春秋時代の）管仲、（漢の）蕭何といった名相の仲間といってよいであろう。しかし、毎年軍勢を動かしながら、よく成功をおさめることができなかったのは、思うに、臨機応変の軍略は、彼の得手ではなかったからであろうか」（書籍『正史三国志蜀書』）

第4回の北伐では、祁山《きざん》の戦いで孔明と司馬懿が対峙します。

孔明率いる蜀軍の進出に対して、司馬懿は命を受けて遠征。

孔明は補給の憂いを断つために、進出した地域の麦を刈り取らせる作業を行います。それを聞いた司馬懿は次のように言いました。

「諸葛亮は考えすぎて決断のつかぬ男、かならず防備を固めてから麦を刈りはじめるにちがいない。昼夜兼行なら二日もあれば十分だ」（『正史三国志英傑伝Ⅱ成る』徳間書店）

諸葛亮は司馬懿の魏軍が予想よりも早く到着したために、その姿を見て撤退します。

司馬懿は蜀軍の撤退を見て、

「こちらは昼夜兼行で疲労の極にある。軍略に明るい者なら飛びついて攻めかかるところなのに、やつは渭水で防ごうともしなかった。これでは怖れるに足りぬ」（同じく『正史三国志英傑伝Ⅱ成る』）

物事の手順を踏み、確実な体制を創り上げる孔明の思考が読み取れます。

しかし孔明の思考は司馬懿に読まれており、戦場では作戦の機先を制されています。

孔明は司馬懿の急行軍に出鼻をくじかれて、疲労した敵を前に戦機を逃しました。

政治や統治活動と、短期間で好機や隙が見え隠れする戦場は違います。

正しい振る舞いが逆のことがあるのです。

優れた政治家の諸葛亮は、堅実な手を選ぶため戦闘で司馬懿に負けないことはできても、機会を迅速に摑まえる司馬懿を破ることはできませんでした。

私たちの人生、ビジネスでも「準備できる機会」と「準備できない機会」があります。コツコツ行うべきこともあれば、歩いてふと意中の異性に出会うこともあるでしょう。あるいは取引先のキーパーソンと、思いがけず雑談する機会を得るなどです。

このような準備できない機会に出くわすとき、「熟考してからまたあとで」などと悠長なことは絶対にできません。目の前の機会は一瞬だからです。

孔明は優れた政治家として、段階を追って積み上げる業務は見事に成功させました。しかし戦場の機微のように、準備できない機会を活かすことはやや苦手だったのです。

三国志の英雄ならどうする？ 70

準備できないチャンスは、熟慮するより飛び掛かれ

劉備の漢中王即位と、関羽の快進撃

しかし諸葛亮に軍事的才能がなかったかと言えばそうではありません。大きな計画図の天下三分の計は、ほぼ孔明の意図通りに進みました。出会いから約13年、流浪の軍団は蜀の地を手に入れて劉備は王となったのです。戦略的な設計図があったことで実現した、素晴らしい軍事的勝利でした。

【劉備と孔明、赤壁後の歩み】

○208年に赤壁の戦いで呉と同盟、曹操軍を破る
○209年、劉備軍が荊州南部を占領
○211年、劉璋の招きで益州に進軍し、214年に益州を占拠
○218年、漢中の魏軍と対峙、219年に黄忠が夏侯淵を斬って勝利
○219年に益州、荊州、漢中を支配して天下三分の計の基本が成立
○219年7月に劉備は漢中王となり、8月に関羽が魏の樊城へ攻撃開始
○219年10月まで関羽は快進撃を続け、曹操は一時遷都を検討する
○219年11月、呉の呂蒙が関羽を攻略、12月には関羽と息子関平が敗死

劉備軍の益州攻略では、諸葛亮と並び才能を嘱望された龐統《ほうとう》が軍師として参加します。孔明は荊州の留守を預かっており、この時の軍事は龐統が中心でした。

また益州の劉璋に仕えていた法正《ほうせい》という謀略・計略の得意な人物も劉備軍に内応しており、益州攻略は龐統と法正の二人の功績とも言えるのです。

しかし龐統は雒城《らくじょう》の包囲戦（214年）で流れ矢により戦死。

漢中の魏軍との対戦では、法正が従軍して軍事判断を行います。

魏の勇将夏侯淵を討てたのも法正の適切な判断が大きな貢献をしています。

龐統と法正、二人について少し取り上げてみましょう。

【龐統】

「世俗を教化し、人物の優劣を判断する点では、私はあなたに及びませんが、帝王のとるべき秘策を考え、人間の変転する運命の要を把握している点では、私のほうに一日の長があるようです」（呉の知識人に、自身と龐統を比べる質問をされて返した言葉）

「その場に応じた方策をとらねばならぬ時代には、まさしく正義一筋では定めることができないものです（中略）。無理な手段（武力）で（益州を）奪っても、正しい方法（文治）

で維持し、道義をもって彼らに報い、事が定まったのち、大国に封じてやれば、どうして信義にそむくことになりましょうか。今日奪わなければ、けっきょく他人が得するだけのことです」（益州攻略について、劉備との問答での龐統の言葉）

【法正】

（217年に曹操が漢中から撤退し、配下の武将に守備を任せたことに）

「これは彼の智謀が及ばず力量が不足したためではなくて、きっと内部にさし迫った心配事があるからにちがいありません。いま、夏侯淵・張郃《ちょうこう》の才略を推し量りますに、国家の将帥を荷いきれません。軍勢こぞって討伐に赴いたならば、必ず勝つことができましょう」

（自軍の苦戦に劉備が意地になり、退却を拒否したとき、法正は敵の矢に身をさらした）

「先主が、『孝直、矢を避けよ』というと、法正は『とのがおんみずから矢石の中におられるのです。つまらぬ男なら当たり前でしょう』といった。先主はそこで、『孝直、わしはおまえといっしょに引き上げよう』といい、かくて退却したのであった」

（いずれも書籍『正史三国志蜀書』）

龐統も法正も機を見るのに鋭敏で、その場に生まれたチャンスに的確に応じています。二人は柔軟な判断と、瞬時の謀略が可能な人物でした。

孔明が描いた大戦略を基に、臨機応変に戦場に対処する優れた軍師がいたのです。蜀軍と孔明の計略は、このように孔明と龐統・法正などの組み合わせが存在するあいだは、ほぼ勝利につぐ勝利を収めています。

しかし龐統が戦死し、呉の裏切りで関羽ら勇将が死に、法正は220年に病没します。孔明は本来二人必要なものを、たった一人で兼任して戦うことになりました。

赤壁の戦いから219年まで、劉備軍団の飛躍は目を見張るものがあります。ところが以降は膠着状態に陥りました。その理由は、孔明に欠けている点を補佐する臨機応変の謀略家や、戦場で速断できる優れた軍師たちが世を去ったからなのです。

三国志の英雄ならどうする？71

頭の良さには2つある。臨機応変と周到な計画力である

関羽の快進撃という予期せぬ成功を、孔明は支援すべきだった

関羽は当初、魏の要所への戦闘で快進撃を続けていました。

これは孔明の予想外の成果であり、期待以上の戦果と見ていたのかもしれません。

「二十四年（二一九）、先主は漢中王になると、関羽を前将軍に任命し、節《はた》と鉞《まさかり》（専行権を示す）を貸し与えた。この年、関羽は軍勢を率いて、樊にいる曹仁を攻撃した。曹公は于禁を救援に差し向けた。秋、大変な長雨がふって、漢水が氾濫し、于禁の指揮する七軍すべてが水没した。于禁は関羽に降服し、関羽はまた将軍の龐徳を斬った。梁郟《りょうこう》・陸渾といった盗賊のうちには、はるかに関羽より印綬称号をうけて、彼の支党となるものがおり、関羽の威信は中原の地を震動させた」（書籍『正史三国志蜀書』）

著名経営学者のピーター・ドラッカーは、著作の中で「予期せぬ成功」について取り上げています。それは重要ながら放置されることが多いと彼は指摘します。

「予期せぬ成功ほど、イノベーションの機会となるものはない。だが、予期せぬ成功はほとんど無視される。困ったことには存在さえ否定される」

「予期せぬ成功は機会である。しかしそれは、要求でもある。正面から真剣に取り上げられることを要求する。間に合わせではなく優秀な人材が取り組むことを要求する。マネジメントに対し、機会の大きさに見合う取り組みと支援を要求する」（共に書籍『イノベーションと企業家精神』）

諸葛亮は、関羽の予想以上の快進撃をただ喜ぶだけではいけなかったのです。瞬時に増援や後詰めの勇将を派遣するべきでした。魏の曹操が遷都まで考えた関羽の進撃は、「機会の大きさに見合う取り組みと支援を要求」していたのですから。

「樊城攻撃を認めた段階で、後詰めの将を送ることだった。張飛・趙雲・馬超・黄権は健在で、彼らの中から誰か一人でも送っていたら、呉の裏切りを防げたであろう」（書籍『正史三國志群雄銘銘傳』）

ビジネスでも予期せぬ成功はたびたび起こります。
しかし大抵、事業計画に書かれた人員・資源配分から外れる決断は避けられます。
予期せぬ機会は放置され、その意義の大きさを見出した他社にすべて奪われるのです。

諸葛亮は優れた頭脳で戦略を練り上げ、計画を実行に移す意味で天才でした。
しかし彼は時代の推移の中で生まれた予期せぬ機会を活かせず、劉備と彼が中国を統一するまたとない機会、二度と訪れない貴重な機会を永遠に逃したのです。

三国志の英雄ならどうする? 72

予期せぬ機会には、計画を変えて人と資源を注ぎ込め

人間の強さに着目し、それを引き出した諸葛亮

諸葛亮の戦略は、司馬懿とは逆に人間の強さに焦点を合わせています。
優れた法律を制定することで、人の良い面を引き出し、悪い面を矯正していく。
自らが模範となり、周囲に共感と納得感を持たせる。
孔明自身が強い人間であることで、彼の強さを周囲に伝播させているのです。
その教化と影響力によって、整然と正しいことを行う集団を生み出したのです。

【諸葛亮の強さ】

優れた大戦略家と、政治統治者としての2つの顔

諸葛亮の天下三分の計は、
劉備軍団に帝国を創業する道筋を与えた。
関羽や張飛の強さは変わらずとも、
諸葛亮の大戦略で、
彼らの武勇が成果に直結していった

『正史三国志　蜀書』より、陳寿の諸葛亮評

**政治のなんたるかを熟知している良才であり、
（春秋時代の）管仲、
（漢の）蕭何といった名相の仲間**

諸葛亮の統治と大戦略：5つの要素

① 優れたルールと規範を創り上げる

② 信賞必罰、身内もえこひいきしない

③ 自分に厳しく、自らが模範となる

④ 自らにない能力は他者でおぎなう

⑤ 実現可能な大戦略の絵を描き、実行力のある者に現場の勝負を遂行させる

〇優れた法律を制定する
〇優れた人物を発見し、抜擢して活躍させる
〇自らにない能力を他者で補う
〇謙虚さによる共感と納得で統治する
〇緻密な頭脳により計画を練り、結果を積み上げる

孔明は自身が強い人間であることで、周囲の気高さや頭の良さ、謙虚さや自己を律する強さを引き出す形で政治を行ったと言えるでしょう。

彼の強さは劉備軍団に蜀の国を与え、乏しい人材でも国家を保つ基礎となりました。

彼の頭脳、清廉潔白さや誠実さ、規律を、蜀の国家に広げて統治をしたのです。

それが周囲の人たちからも気高さや責任感、誇りと矜持をまた引き出したのです。

三国志の英雄ならどうする？ 73

模範となり、人から強さや誇り、誠実さを引き出す

19

戦場指揮官から、帝国を創った司馬懿の強さ

外見は寛大に見え、内側は猜疑心のかたまり

小説の『三国志演義』では、孔明や蜀を苦しめる敵役として司馬懿は描かれます。
しかし魏から見れば前半生は優れた功臣、後半生は王朝を滅ぼした裏切り者でした。

「内は忌にして外は寛、猜疑して権変多し」（書籍『司馬仲達』松本一男著、「晋書宣帝記」から）

外見は寛大そうに見えても、猜疑心が強く人を信用しない。
「権変」つまり権謀術数を多用した人物だということです。
彼は首だけを180度回して真後ろが見える「狼顧の相」だったと記されています。

曹操が司馬懿を見て、長男の曹丕に「あの男には気を付けろ」と言ったことはすでに述べました。司馬懿の外見の寛大さに、曹操は騙されなかったのです。

しかし曹操と長男の曹丕の時代には、謀略を得意とする司馬懿も大いに貢献します。これは曹操父子の人心掌握術の賜物でしょう。

曹操は「才能のみが判断基準」を掲げて、広く中国の英雄を集めました。能力さえ飛び抜けており、自軍に貢献するなら高い給与とよい待遇を与えたのです。魏の初代皇帝の曹丕は、司馬懿が自身の教育係でもあり、父の猜疑心から度々司馬懿をかばい、彼を強く信任して確固とした信頼関係を持っていました。

「私が東征した時は、君は留守居役として西方の問題に対処し、私が西の蜀を討つ時は、君は東の呉に備えてもらいたい」（書籍『正史三國志英雄銘銘傳』より曹丕の言葉）

曹丕は幼い頃から父にしたがい従軍をした人物でした。

そのため実戦の気風と、人使いの要諦を身に付けていたのかもしれません。

巻き込み方の上手い曹操父子に仕えることは、司馬懿も納得していたと思えます。

それでも、疑い深い性格は、司馬懿が命を保つ重要な武器となりました。

曹操は、才能をむやみにひけらかした部下を何人も処刑しているからです。三男の曹植《そうしょく》を補佐していた楊修《ようしゅう》や、曹操軍の初期の右腕とも言える荀彧は、いずれも才能があるがゆえに、その将来を不安視されて曹操によって亡き者にされました。（曹植は一時曹丕のライバルであり、楊修は司馬懿にも邪魔だったはずです……）

乱世に生き、権謀術数と権力闘争の激しかった三国の時代。安易に自分の立場が安泰と考えれば、足を掬われることにつながったのです。

司馬懿は疑い続けることをやめませんでした。曹操の信任があり、皇帝曹丕との強い絆があってさえ、彼は「自分の立場は安泰か？」と疑い、慎重に振る舞ったのです。

司馬懿がクーデターを行ったとき、魏帝国の権力者は曹爽一派でした。しかし司馬懿はボケており（騙すための演技）、彼らは警戒をまったく解いてしまっていました。

結果、曹爽は隙を見せることになり、司馬氏はやすやすとクーデターを成功させます。曹爽一族はことごとく抹殺されました。疑うことの下手な者の悲惨な末路です。

ビジネスの重要な契約、履行の約束にも絶対はありません。安易な思い込みが想定外のトラブルにつながることはよくあります。

モノが届くまで安心しない、入金がされるまで確認をしつこく続ける。
何事も確実に行うには、健全な猜疑心こそ発揮すべきなのです。
疑い続けることは悪ではなく、重要なリスク管理術です。
あらゆる物事をやり遂げて、自分や大切な人を守るための強力な武器なのです。

三国志の英雄ならどうする？ 74

何事も完遂させるため、強い疑り深さこそ武器にせよ

司馬懿の戦略眼を教える、彼の言葉

237年（孔明の死去から3年）、北方の遼東太守の公孫淵が魏に反乱を起こします。
公孫淵が燕王を称して独立を宣言したのです。
魏の2代目皇帝である曹叡は、司馬懿に討伐を命じます。
公孫淵は、首都から離れた遼水という河の対岸に大軍を布陣。
司馬懿の軍勢を迎え撃つため、長い塹壕を作り防衛軍を駐屯させます。

しかし敵の堅い守りを見た司馬懿は、隙を突いて敵の船を焼き払うだけでした。その陣は通過して、敵の首都である襄平へ進軍してしまいます。

「敵は堅陣をしいて、わが軍の疲れを待っている。しゃむに攻めては、みすみす敵の術中にはまることになる。昔の人も〝どんな堅陣をしいて専守防衛につとめても、そのツボを攻めたら、敵は出てきて戦わざるを得なくなる〟と語っているではないか」

「いま、敵の大軍は遼水の防衛陣地に集結している。本拠地の襄平にはいくらの兵力も残っていまい。本拠地を叩けば、敵はあわてて後を追って戦いを挑んでくる。そのときが、殲滅するチャンスだ」（共に書籍『司馬仲達』ＰＨＰ文庫）

目論見が外れた防衛軍は、家族のいる首都に魏軍が進むのをみて慌てます。強固な防衛を準備した城を捨てて、急いで魏軍を追いかけたのです。

しかし司馬懿は待ち構えていて3戦3勝と（有利だった）公孫淵軍を圧倒します。この結果に、野戦では勝てないと考えた敵軍は、襄平城に逃げ込み籠城します。

司馬懿は城を包囲、じっくり機を窺いますが、いつもの速戦をしない司馬懿に参謀が、以前の孟達との戦いでは、敵を急襲したのになぜ今は戦わないのかと聞きました。

「状況がぜんぜんちがうではないか。あのときの孟達は、兵力こそ少なかったが、一年分の兵糧を蓄えていた。それに対し、わが軍は、軍勢こそ相手の四倍もあったが、兵糧は一か月分しかなかった。一か月で一年分を相手にするんだから、速戦即決以外に策はないではないか。だから、犠牲をかえりみず、兵糧のなくならぬうちにと考えたのだ。ところが、こんどの場合は逆だ。敵は兵力こそ多いが食糧不足に悩んでいる」

「敵は、大軍の上に長雨という味方までついているので、食糧難にもかかわらず、なかなか参ったとはいうまい。ここは、わざと手も足も出ないふりをして、敵を安心させるのにこしたことはない。小手先の利益につられてちょっかいをだすのは、作戦としては下の下だぞ」（前出『司馬仲達』）

司馬懿は、常に敵軍の全体を俯瞰して一番弱い部分に目を付けました。

大軍が防衛陣地で遼水にいるのなら、当然首都の襄平は手薄です。

兵士は家族を首都に残しており、敵に攻撃されるのを見過ごすことはできません。

司馬懿は敵の弱みに目を向けて、狡猾にも油断さえ誘いました。

さらに司馬懿は、公孫淵が「魏が大軍をつれてくれば食糧補給は続かず、籠城すれば敵が去る」と思い込んでいる点を逆に利用しています。
進軍の前に食糧を十分に準備して、長期の戦陣が可能なように配慮していました。
曹操に疑われたとき、司馬懿は長男の曹丕に取り入って親交を結びました。
冷徹な武将の曹操にも、唯一あった弱い点に司馬懿は着目しています。
遼東への遠征でも、全体を見て敵の弱点を攻めています。
相手の思い込みや期待を打破する準備まで万全に整え、進軍を開始したのです。

三国志の英雄ならどうする？ 75

全体を見て敵の弱みを突き、自らの弱みは補強せよ

敵の弱みに着目する一方で、敵から見た自軍の弱みをあらかじめ補強しておく。
こちらを甘く見ていた敵は、予想した弱点を露呈しないことに驚きます。
強みを避けて弱みに殺到する司馬懿の軍勢に、敵はなすすべなく敗北するのです。

司馬懿の戦略の基本、鎖の強度は一番弱い環で決まる

ビジネスにおける制約理論（Theory of Constraints）をご存じの方も多いでしょう。制約理論は、プロセス全体の中でもっとも効率が低いボトルネックに全体の成果が左右されることを指摘するものです。＊ＴＯＣはエリヤフ・ゴールドラット博士の提唱した理論。

【制約理論ＴＯＣの基本ステップ】

1. 制約を特定する
2. その制約を徹底活用する（有用性と効率を高める）
3. 制約を底上げする（ボトルネックの許容量を増やす）
4. 新たなボトルネックを探索し同様の対処を行う

製品製造など、連鎖的なプロセスを行う場面では、もっとも生産性の悪い部品の生産量を基に、工場全体の生産効率が決まります。

自動車の耐久性を決めるのは、もっとも耐久性が低い部品です。

なぜならその部品が壊れると、自動車全体が機能しなくなるからです。

関羽が樊城を攻める前、周辺の魏軍の責任者に胡修、傅方という人物がいました。司馬懿から見ると二人はリーダー不適格者でした。

周辺国の国境防備の人間、蜀の関羽や呉の呂蒙に大きく見劣りがしたからです。

そのため、司馬懿は当時の君主曹操に、二人を第一線の防衛司令官から外すように進言しています。しかし曹操は彼の献策を採用しませんでした。


のちの219年、蜀の関羽は軍を進めて魏の樊城を攻撃。

曹操は于禁を派遣して防衛をさせますが、胡修、傅方の二人は関羽を怖れて真っ先に寝返り、重要拠点の樊城は落城寸前の危機に陥ってしまいます。

防衛拠点の堅固さも、防衛司令官の中で「一番惰弱なリーダー」に左右されたのです。

この結果に曹操は、司馬懿の意見を採用しなかったことを悔やみました。


制約理論の指摘は、敗れた蜀の関羽にも共通します。

彼は武勇では突出した武将であり、主君劉備への忠義も語り草となるほど強固でした。

しかし自軍の同僚には傲慢であり、自らの武勇を頼んで油断していたのです。

呉の司令官の呂蒙から、新人の陸遜に防衛司令官が交代するとき、陸遜はわざと経験のないふりをして、へりくだった手紙を関羽に送っています。

関羽は樊城の攻略のため、近隣の蜀の武将、劉封・孟達らに援助を依頼します。しかし普段から傲慢な関羽は味方の助力を得られず、単独で攻撃を続けました。

結局、関羽は自ら誇る武勇ではなく、一番の弱みである傲慢さで敗れたのです。

鎖は、それを構成する環の一番弱い部分で強度が決まります。ほかの環をどれほど強固にしても、一番弱い環が先に切れてしまうからです。司馬懿は徹底して、相手の一番弱いところを発見し、敵の鎖を断ち切りました。ビジネスでもボトルネックがそのままでは、全体の強さは改善されないのです。

三国志の英雄ならどうする? 76

一番弱い部分を底上げすることで、全体を強くせよ

人生の成否を決めるのは、その人の一番弱いところである

ビジネスも人も、一番弱い部分で必ず負ける。

ならばまず「弱みを補強する、弱みを底上げすることが大切」と司馬懿は教えます。

しかしこの分析には、疑問を感じる方も多いのではないでしょうか。

私たちは研修や、ビジネスで「強みを鍛え、強みを伸ばせ」と言われてきたからです。

経営学者のピーター・ドラッカーも、書籍『経営者の条件』などで、強みを基盤にすることを推奨しています。


では、司馬懿の戦略から導いた結論は間違っているのでしょうか。

そんなことはありません。適用する場面を取り違えているだけなのです。

ドラッカーの主張は、組織が自分の弱みを誰かの強みで代用してもらえる構造を持つことから来ています。

私たちが苦手なことも、それを得意とする人を雇うことでカバーができるからです。

ドラッカーが「人の強みを建築用ブロックとすることが、組織の役割」としたのは、弱みを他の（得意な）人に担わせて、集団では個人の強みを活かせることが理由です。

【強みと弱みの重要な構造】
○組織に所属するとき、個人は強みを武器にできる
○人生全体としては、弱みこそが勝敗を分ける

わかりやすい例を、プロ野球選手などの人生に例えてみます。
現役の選手であるとき、打撃や投球で突出した才能を持つ人がスターになります。
野球はとくに9人で行い、役割を個人の選手は限定されています。
チームの運営やこまごまとした手配は、すべて球団が受け持っています。
だからこそ、選手はプレーの強みを磨くことでスターとなり、高額を稼げるのです。

ところが現役を引退すると、状況はがらりと変わります。
すべて自分で行わなければならず、新たな仕事の受注や管理も必要です。
このステージでは、強みではなくその人の弱みが勝敗を完全に分けていきます。
お金の管理がずさんな人はお金をなくして苦労します。
人間関係を育むことができない人は、新たな仕事を受注できなくなります。
異性関係にだらしない人は、スキャンダルで家庭を失います。
自分を甘やかす人は、享楽に溺れて人生を踏み外していきます。

明らかに、その人の一番弱い部分で人生に敗北していく姿です。


華やかなプロスポーツ選手が、現役を引退したあと一体どうなるか。

ビジネスの世界で大成功する人や、解説者として人気を博する人も多いです。

飲食店の開業や、企業の広告、タレントとしてマルチに活躍する人もいます。

一方で、大変残念ながら破産をする人、犯罪者にまで落ちぶれる人までいます。


この違いは何なのか、現役を離れたあと、何が人生の勝敗を決めるのか。

それが、その人の持つ「一番弱い部分」なのです。

弱みを補強する誰かを得た人、弱みを底上げする努力をした人が勝つ。

弱みをそのまま放置し、強みで勝てると勘違いする人が没落して負ける。

弱みの底上げや、補強がされなければ、強みを活かす場まで辿り着けないからです。

チームや組織に所属していたときのように、あなたの苦手なことを逆に得意とする人に、弱みの部分をカバーしてもらえないからです。


これは会社勤めのとき、エースとして活躍した人が独立したときも同じです。

販売スキルだけでも技術スキルだけでもダメなのです。

一番苦手とすること、一番弱いところを底上げするか、得意な他者に依頼する。
そのような対策をしなければ、一番弱い鎖で環が切れるように自滅します。

司馬懿は一貫して、相手の弱みに着目して勝者となりました。
それは裏を返せば、弱みで転落し敗北を迎える人が多いことを意味します。
彼の提言や戦略、戦勝は、制約理論の発想と共通することばかりです。
組織やチームを離れたら、人は個人として全体を管理する必要に直面します。
その時に人生の悲喜をわけるのは、一番の弱みであって強みではないのです。

三国志の英雄ならどうする？77

人生の成否は、あなたの一番弱いところで決まる

狡猾かつ臨機応変の機略、2つの強さ

徹底して相手の弱みに目を向け、弱みを見つける。
戦いで強い人間も、人間特有の弱みはある。
敵を圧倒するにはまず褒めちぎり、
油断をさせて急襲せよ!

『司馬仲達』より、『晋書宣帝紀』から

内は忌にして外は寛、猜疑して権変多し
(外見だけは寛大で、
猜疑心が強くて人を信用しない謀略家)

司馬懿の強さ:5つの要素

① 手紙で相手を褒めちぎり
油断させ、急行軍で飛びかかり、
殲滅する

② 曹操の唯一の弱み、
後継者の長男曹丕と固い
友情を結び、忠勤にはげむ

③ 自軍の予想される弱点を
完全に補強しておき、
相手の淡い期待を粉砕する

④ 相手の弱点をまず見る。
時間がない相手には長期戦、
食糧難には兵糧攻めを

⑤ 人間特有の弱みに付け込む。
凡人は辛抱できず、
執念を持ち続けられない

第六章

すべての諸葛一族を滅ぼした司馬氏

20

すべての諸葛一族を滅ぼした司馬氏

魏の諸葛誕《しょかつたん》、257年に司馬氏の専横に反旗をひるがえす

司馬懿とその一族は、諸葛亮の死後も順調に魏での権力を増大させます。
父司馬懿のほか、長男の司馬師、次男の司馬昭も優れた謀略家でした。
（司馬昭の息子司馬炎は、魏王朝を簒奪して265年に晋を建国する）

諸葛誕は、諸葛瑾・諸葛亮の従弟にあたる人物で、彼らよりかなり年下でした。
魏の2代目皇帝、曹叡と3代目の曹芳の時代を中心に活動した人物です。
名声はあるも、老荘思想にかぶれて表面的なことを追いかけていると批判されます。
（本書の推測ですが、この悪評は司馬懿の一族の謀略の可能性もあるでしょう……）

曹叡《そうえい》によって免職されるも、次の曹芳の時代には友人たちの推挙もあり復職。司馬懿の命令で軍事指揮官となり、252年の東興の戦いでは、呉の大将軍で諸葛瑾の息子である諸葛恪と戦って敗れています。（なお諸葛瑾は241年に、司馬懿は251年に死去、呉の孫権も252年に死去している）

また255年に、反司馬氏の乱が魏内で起きますが、それに呼応せずに鎮圧軍で活躍。司馬懿の息子司馬師の命で寿春城に入り、乱に同調して来襲した呉軍を打ち破ります。

前年の254年に、諸葛誕の友人だった夏侯玄も司馬氏へのクーデターを企てます。計画がばれて夏侯玄一族は処刑、ますますひどくなる司馬一族の専横に、諸葛誕は密かに自らも兵を養い、来るべきときに備えて私財を使い軍隊を増強していきます。

長男の司馬師が255年に死去し、弟の司馬昭が実権を握ります。

彼は諸葛誕の目論見を察知して、その軍権を取り上げようと、新たな官位に任命しますが、諸葛誕はもはやあとに引けないと考えて司馬氏打倒を掲げて挙兵。

諸葛誕は10万を超える兵士と1年分以上の食糧を蓄えて、寿春城に閉じこもります。

また息子の諸葛靚《せい》を、援軍の依頼をさせるために呉へ派遣します。

呉はその報を聞いて喜び、数名の武将に諸葛誕の救援へ向かわせます。

彼らは魏軍の包囲の前に寿春城に到着して、諸葛誕と共に籠城することになりました。

しかし魏の囲みを突破できず、食糧が尽きはじめて城内で混乱が始まります。

諸葛誕が不仲だった呉の武将を斬ったことで、呉兵が離反して城内は騒然とします。最後は玉砕覚悟で突破を目指すも成功せず、諸葛誕は258年に戦死。

魏にいた彼の一族は皆殺しとなりました。


「諸葛誕の旗下の兵数百人は、降服しなかった罪によって斬られたが、みな『諸葛公のために死ぬのだ、心残りはない』といった。彼はこれほど人心をつかんでいたのである」

（書籍『正史三国志魏書』）


兵士たちの最後の言葉は美談の響きを持ちますが、現実としては敗者の姿です。

これほどの戦意と忠誠心を持つ兵士が多数いたならば、敗北は指導者である諸葛誕の責任だからです。


寿春城は魏の領土で、呉に隣接する地域でもありました。

諸葛誕は、司馬一族への反撃のためにこの地を拠点にしたかったのでしょう。しかし呉の援軍が来ても、一度も魏軍の包囲を突破できませんでした。

つまり、寿春城はもともと勝てる場所ではなかった可能性が高いのです。

思い切って呉領土まで15万近くの兵士と亡命して、呉の将軍となった上で魏への侵攻の機会を窺う、より強固な城塞を目指して進軍するなどの道を取るべきだったのです。


ビジネスでもリーダーは、勝てる場所へ部下を連れていく必要があります。

戦うのは兵士の役割でも、どの戦場で戦うかを選ぶのはリーダーだからです。

部下の忠誠を生み出す意味で諸葛誕は優れた人物でした。

しかし彼は正しく戦場を選ぶことができず、彼を慕う人と共に敗死したのです。

三国志の英雄ならどうする？ 78

勝てる戦場を選ばねば、部下の奮戦も無駄死に終わる

諸葛亮が亡くなったあとの蜀、263年に滅亡

蜀の政治と軍事を司った諸葛亮は、234年の春に第5次北伐を行います。

しかし共同で魏に侵攻した呉は、合肥や荊州で敗れます。

諸葛亮も司馬懿と対陣を続けたまま秋を迎えた戦場で病没します。

時間と補給こそが蜀軍の弱点だと見抜いた司馬懿は堅く守って戦いませんでした。

孔明は司馬懿を前に、なすすべもないままこの世を去りました。


孔明のあとを継いだ蔣琬は、優秀な政治家として蜀の内政を充実させましたが、246年に病没。あとを継いだ費禕《ひい》も優秀な人物で、244年には侵攻してきた魏軍（曹爽の指揮）を王平という将軍とともに打ち破っています。

しかし費禕は、253年に魏の降将に宴会の席で暗殺されてしまいます。

その後は優秀な政治指導者を欠いた蜀は、国家として混乱の度合いを増していきます。

諸葛亮の死後、宦官の黄皓が蜀の皇帝である劉禅に取り入ります。

宦官の黄皓は次第に権力を握り、正しい政治が蜀では行われなくなります。

『三国志演義』に登場する蜀の名将たちも、王平（248年没）、馬忠（249年没）、鄧芝（251年没）と相次いで世を去り、経験豊富な勇将が蜀から消えていきます。

「後主は成長するとともに、諂《へつら》いの巧みな宦官黄皓を信愛するようになった。董允は厳しい態度で後主を匡し、黄皓を咎めたため、246年に等充が死去するまで、黄皓の官位は上がらなかった」（『正史三國志群雄銘銘傳』）

費禕が暗殺されたのち、蜀の将軍である姜維は魏を打倒するための北伐を開始。しかし256年の段谷の戦いで、魏の名将鄧艾《とうがい》に待ち伏せされて大敗北を喫します。もともと他の二国に国力の劣る蜀は、さらに疲弊していきます。

263年、司馬懿の次男司馬昭は、鍾会・鄧艾などに命じて蜀へ侵攻させます。姜維は剣閣という天然の要害で敵を防ぎ、一時は撃退に成功するかに見えました。しかし魏の鄧艾が山道で剣閣を迂回、蜀の成都への道に出てしまいます。鄧艾の軍勢を防ぐため、張飛の孫の張遵、諸葛亮の子と孫である諸葛瞻《せん》・諸葛尚が戦死。蜀の武将だった黄権の子、黄崇も戦死します。

劉禅が降服して蜀帝国は消滅。劉禅は洛陽で生活して271年に生涯を終えます。

諸葛亮の孫の一人、諸葛京は司馬一族が建てた王朝の晋に仕えました。
孔明の死から30年以上たった時のことです。

蜀滅亡の理由はいくつも語られています。国力の小ささ、人口や人材の不足。
また優れた将軍が新たに育たなかったことなどです。
しかし、国が滅亡したもっとも大きな理由は2代目の劉禅の目標のなさです。
彼は諸葛亮が補佐した時代は、無難に皇帝を務めました。
しかし次第に政治に飽きて、色に溺れ、まじめに政務を執り行わなくなります。

2代目は、すでに国家の基盤があり、建国の苦労をせずに済む利点があります。
一方で、蜀の状況は難しく、劉備のように艱難辛苦を乗り越える経験もしていません。
劉禅には、自ら掲げる目標、それも自身が熱中できる目標が見当たらないのです。

孫権の兄孫策は、「戦闘で勝つことではお前は私にかなわないが、部下をまとめて江南の地を安定化させることでは、私はお前にかなわない」と言い残しました。
ところが父劉備は、子の劉禅にそのような新たな目標を与えませんでした。

「もしも後継ぎが輔佐するに足るなら、これを輔佐してもらいたい。もし不才ならば、君が国家を取るがよい」（書籍『正史三國志群雄銘銘傳』）

劉備は右のように諸葛亮に言い残しますが、この言葉に孔明は忠義を誓います。しかし視点を変えればこの言葉は、国を保つことがすべての中心ということです。劉備の言葉には、劉禅が主人公になれる目標が具体的に描かれていません。

○会社の存続が最大の目標だから、おまえは私のようになれるよう努力しろ（劉備）
○おまえには私にない別の才能がある。それを発揮すれば必ず成功する（孫策）

会社を後継者に残していく場合、右のどちらの言葉を伝えるのがよいでしょう。少なくとも、三国志の史実を見る限り、後者の言葉が適切なのです。

父と同じ人間になることを目標とされたら、息子は必ず劣等感を持つからです。3代目のお坊ちゃんの孫権は、父や兄にはできないことが自分にはできる、という想いを持っていたのではないでしょうか。それは彼に自信を与えたはずです。

一方の劉禅は、父のようになることを常に期待されて、父の劉備と比較されました。それは彼に劣等感を抱かせ、自信を奪い去ったはずなのです。

誰かのコピーになれと言えば、相手の自信を奪うことにつながります。

相手が実力を発揮し、自分に確信を持てる目標を与える、掲げさせるべきなのです。

孫権は3代目にして呉の皇帝になり、劉禅は2代目にして蜀を滅ぼしました。

孫権は自分の目標を得て勇躍し、劉禅は父の目標を抱いて光を失ったのです。

三国志の英雄ならどうする？ 79

子供の資質に合う、相手が輝ける目標を与えること

呉の諸葛恪《しょかつかく》、252年に魏に大勝するも翌年暗殺される

諸葛恪は、203年に呉の諸葛瑾の長男として生まれます。

若い頃から才気煥発、言葉巧みなことで評判を得ていました。

20歳頃から仕官し、丹楊郡の平定でも成果を挙げ、245年に大将軍に昇進します。

あるとき君主の孫権が「君の父と叔父（孔明）では、どちらが賢いか」と質問しました。

諸葛恪は次のように答えています。

「『臣の父が勝ります』と答えたので、孫権が理由を訊ねると『臣の父は仕えるべきところを知っているのに、叔父は知らないからです』」（書籍『正史三國志群雄銘銘傳』）

と答えて、孫権を大笑いさせました。

君主の孫権を立て、ごまをすりながらも知恵を含ませた答弁だと言えるでしょう。

父の諸葛瑾は、息子が才能を頼んで巧みに言葉を使うのをやや心配しています。

「わが家を大いに盛んにするのもこの子なら、わが家を根絶やしにするのもこの子であろう」（書籍『正史三國志群雄銘銘傳』）

叔父の孔明もまた、輝く才能に比べて性格の劣る諸葛恪を危ぶんでいました。

252年に孫権は亡くなりますが、後継者の補佐役に、群臣が諸葛恪を推薦します。孫権は諸葛恪の、才能を頼みすぎる点、他人の意見を聞かない点を危ぶんでいました。

しかし一族の孫峻が何度も推挙したことで、諸葛恪を太傅（太子の指導役）にします。彼にすべてを託すことになったのです。

諸葛恪は未納の税金を帳消しにしたり、関税を廃止するなど政策が庶民に好評で、252年の秋には、東興の戦いで魏軍に大勝したことで、国民的な英雄になります。（この戦いでは、血縁のある諸葛誕が魏軍を指揮したが諸葛恪の呉軍に敗北している）

ところがこの大勝で敵を甘く見た諸葛恪は、翌253年に軍を動員して魏の合肥新城を包囲します。群臣が止めるのも聞かず始めた戦闘でしたが、いつまでも敵城は落ちず、呉軍には疫病がはやり、作戦はなんの成果も出せず撤退します。

多くの兵が死んで諸葛恪に非難が集まりますが、彼は少しも意に介しませんでした。この姿をみた孫峻が諸葛恪の殺害を計画。酒宴の席で惨殺し、一族も処刑してしまいます。

きらびやかな才能があった諸葛恪は、経験から学び失敗を糧にできませんでした。人の意見や自分への批判を受け入れず、傲慢さと自己弁護で反感を買ったのです。

諸葛恪が世を去ったあと、呉の国内は権力争いが激化して国力が疲弊します。

司馬懿の次男、司馬昭は蜀を滅ぼした263年の2年後に死去。

諸葛亮、諸葛瑾など偉才も輩出したが、才能以外の部分、粘り強さや執念、一族のしつけや教育ではすべて諸葛氏が完敗した

司馬懿より先に
寿命を迎えた
【諸葛亮《しょかつりょう》】
（蜀）

才能に溢れるが、
人を人とも思わぬ
配慮のなさで暗殺される
【諸葛恪《しょかつかく》】
（呉）

勝てる戦場を
選ぶことができず、
忠臣たちと共に敗死
【諸葛誕《しょかつたん》】
（魏）

忠誠心はあれど、
臨機応変の才なき
官僚となり戦死
【諸葛瞻《しょかつせん》・尚《しょう》】
（蜀）

父・誕への支援を
得るため呉に亡命、
その後戦闘で敗北
【諸葛靚《しょかつせい》】
（魏・呉）

あとを司馬懿の孫である司馬炎が受け継ぎ、権力を掌握しながら呉を狙います。呉のトップとなった孫晧《こう》（孫権の孫）は、司馬氏の新王朝の晋に臣従するふりをしながらも、次第に敵を甘く見て北伐の計画を始めますが、酒色に溺れて呉の政治は混乱。

数年をかけて呉対策として水軍を構築していた晋は、279年の冬に侵攻を開始。20万の軍勢と6方向からの進軍で、陸路と水路から呉を撃破していきます。翌280年の春に、呉の建業が陥落。三国の時代は終わりを告げます。

先に滅んだ諸葛恪も敵を甘く見て、人の意見や批判を聞く度量がありませんでした。孫権の孫である孫晧も、司馬炎率いる晋帝国の力を甘く見て、当初の臣従の姿勢を改めてしまい、その上酒色に溺れて国を滅亡させてしまいます。

どれほどの才能でも経験がなければ磨かれず、物事を甘く見れば足を掬われます。呉の重臣と君主は、共に同じ弱点でつまずき、自らを省みることなく敗死したのです。

三国志の英雄ならどうする？ 80

才能を経験で磨かず、敵を甘く見れば自ら滅びる

21

三国志が教える、後継者や子供の育て方

子供たちをどのように育て、よい後継者にできるのか

後漢の混乱から、三国の英雄が立ちあがり、司馬氏が再統一をするまで、子の育成と後継者作りという点で、どのような教訓が得られるのでしょうか。

○曹操（曹丕など）
○劉備（劉禅など）
○孫堅→孫権（孫登、孫亮など）
○袁紹
○袁術

○劉表
○司馬懿（司馬師、司馬昭、司馬炎）

【魏帝国】
○曹操（父）
○曹丕（初代皇帝）
○曹叡（2代目皇帝）
○曹芳（3代目皇帝）

【蜀帝国】
○劉備（父、初代皇帝）
○劉禅（2代目皇帝）

【呉帝国】
○孫堅（父）
○孫策（兄）
○孫権（初代皇帝）

○孫亮（2代目皇帝）

曹操・劉備・孫権はいずれも三国を創り上げた意味で、傑出した人物でした。彼ら自身をまず後継者として見ると、曹操は祖父が曹騰、その養子となった曹嵩を父に持ちます。

曹騰は多くの優れた人物を推挙したことで知られ、その中にはのちに曹操を高く評価して世に出るきっかけを作った橋玄という人物を抜擢した者もいました。

「今、天下は乱れようとしている。民を安泰に導くものは、君であろう」

（書籍『三国志』橋玄が曹操に出会ったときの言葉）

橋玄は、師の恩を返したのだと、書籍『三国志～演義から正史、そして史実へ』は書いています。曹操は祖父の代からの人脈と関係により、若い頃から追い風を受けていたのです。

劉備は漢王室につながる血筋と言われていますが、彼の家の実情は父を幼い頃に失った母子家庭であり、母とわらじを売ったりむしろを編んで生計を立てていました。

しかし彼は大望を持つ人間であり、親類の子供たちとは違ったところがありました。

「幼いとき、一族の子供たちとこの樹の下で遊びながら、『おれは、きっとこんな羽飾りのついた蓋車（天子の車）に乗ってやるんだ』と言っていた」（書籍『正史三国志蜀書』）

「劉徳然の父の劉元起はいつも先主に学資を与えて、息子の劉徳然と同等の扱いをした。劉元起の妻が、『それぞれ別に一家を構えているのに、どうしていつもそんな事をなさるのですか』というと、劉元起は、『われら一門のなかにこの子がいて、（この子は）なみの人間ではないからだ』と答えた」（書籍『正史三国志蜀書』）

母と子の劉備の家は貧しくとも、親類が劉備の資質を見抜いて援助をしていたのです。

孫権については語るまでもないと思います。

彼の父が黄巾の乱で活躍してから、兄の孫策の時代まで、多くの優秀な参謀や軍人を軍団に招き入れて、孫権を指導し、ときに諫めてくれる者を創り上げていました。

孫策により15歳で役職を付けられ、17歳で兄に従って戦闘に参加しています。導いてくれる多くの先達に囲まれ、実戦の経験も若き日から始めているのです。

3人の英雄には、若き日から才能を見出してくれる人がいました。

彼らを評価する人がいて、育つ環境を（貧富の差はあれど）整えていたのです。


三国志の英雄ならどうする?

81

英雄が育つ環境には、才能を見抜く親や親類がいる

兄弟は争わせず、一致団結できるように権力を分散させる

後継者選びでは、三国志の中に有名なくだりがあります。

曹操が後継者の選定で悩んだときに、謀臣の賈詡に意見を聞いた話です。

「二一七年、曹操が後継者選びを諮問した時、賈詡は黙ったままだった。曹操が重ねて問うと『袁紹・劉表父子のことを考えておりました』と答えた。どちらも嫡子を廃して死後内輪揉めを起こした人物である。曹操は大いに笑い、曹丕を後継者に決めた」（書籍『正史三國志群雄銘銘傳』）

袁紹は北方で最大の軍閥でしたが、後継者を正式に決めていませんでした。

長男の袁譚派と、三男の袁尚派に袁家は分裂します。

骨肉の争いで勢力を衰退させ、やがて曹操にすべての一族が敗れて滅亡しました。

なお袁紹は、異母兄弟の袁術とも折り合いが悪く、ケンカをくり返します。

兄弟が力を合わせれば、天下を取れたと言われながらも、共に惨めに死んでいきます。


荊州を治めた劉表も、長男の劉琦と次男の劉琮のどちらを後継者にするか悩みました。

やがて次男を支持する一派が、劉表に長男の悪口を吹きこみ続けて関係は悪化。

結果、劉表は次男の劉琮を跡継ぎにして長男は身の危険を感じて故郷を離れます。

このような跡継ぎの争いで家臣団も分裂、曹操に侵略されて国は滅びました。


三国志の歴史と人物たちが教えているのは、後継者選びのために兄弟を争わせたり、競わせたりすれば深刻な問題を引き起こし、一族を崩壊させる原因となることです。

曹操は実力主義を標榜し、長男の曹丕と曹植（三男）は後継者の地位を競いました。

彼らは互いに衝突し、二人を支える家臣団の争いもエスカレートしていきます。

２１７年に曹丕が正式に跡継ぎとなると、曹植を支援した家臣たちは粛清されます。曹植も僻地に飛ばされて、のちに曹一族が司馬一族に打倒される遠因になりました。

現代ビジネスでも、私たちの人生でも跡継ぎ選びや遺産相続は大きな問題になります。親子や兄弟で互いに訴訟を起こし、一家を離散させるまで争うこともあります。

一方で、賢い親は兄弟が協力できるように「権力の分散」を固く決めておきます。ビジネスでも相続でも、自身の死後に家族で争い事が起きない予防策を講じているのです。

公認会計士の著者による『自分の会社を100年続く企業に変える法』という書籍には、時代錯誤と言われるかもしれないが、という前置きのあと、一族のビジネスや家督を、長男に継がせることを明確にしておく重要性が指摘されています。

「同族関係者個人の『家』の後継者に長男ではなく次男がなっている家があります。これは本当に良くないです。理由はわかりませんが、こんなことを二代・三代と続けているといずれはこの家はだんだん衰退し、いずれは消滅してしまいます。やはり長男が後継者にならないと何か不自然であり、自然の摂理に反しているかもしれません」（書籍『自分の会社を100年続く企業に変える法』）

一族の事業用不動産を管理会社に集め、長男に継がせることも提案されています。相続のたびに一族の資産がバラバラに細分化されることを防ぐためです。

三国志の英雄たちも、子供への愛情や能力差で後継者の選定には大いに悩みました。しかしこの問題は、両親が長く悩むのは避け、早い時期に決めておくべきです。兄弟が一致団結して、力を合わせることができるように調整すべきなのです。親が悩めば、兄弟は力のバランスを左右できると考えて仲違いを始めます。禍根を残さず、家の崩壊を防ぐには、親の洞察と強い決断が早く必要なのです。

三国志の英雄ならどうする？ 82

後継者選びと相続では、早期の決断が禍根を断つ

順序を間違えなかった司馬懿とその息子、孫たち

司馬懿とその息子司馬師（208年生まれ）、次男司馬昭（211年生まれ）、孫の司馬

炎（236年生まれ）は、いずれも後継者の順序では間違いを犯しませんでした。司馬師が亡くなったとき彼には息子がなく、弟司馬昭の次男を養子に迎えていました。しかし養子を跡継ぎにしてしまうと、司馬昭の長男が下になってしまいます。そのため養子の息子ではなく、弟の司馬昭が兄の権力を受け継ぎました。

249年に司馬懿と息子たちは、曹爽一派を粛清するクーデターを実行しますが、次男の司馬昭は、実行の前日に計画を知らされるなど、兄の司馬師がリーダーであることが司馬家では確固としたものだったことが窺えます。

司馬懿の時代から、この一家には内紛や後継者争いの事実が一切残されていません。兄弟や血族がばらばらになった、曹操や孫権の子孫とは違ったのです。司馬一家は目標に向けて、一致団結する賢さがあったのだと推測できます。司馬懿は曹操の長男曹丕の後見役であり、彼自身が後継者争いの一方のプレーヤーとして暗躍して相手を蹴落としたことから、後継者の地位を巡って兄弟や一家が分裂する不毛さを、イヤと言うほど理解していたとも考えられます。

兄弟や親族間で争う人たちが忘れていることが一つあります。

それは、家の外にもライバルは多数いることです。

時代は変化するたびに厳しさを増して、豊かさを願うものは他に大勢います。一族の繁栄は、分裂して手離せば二度と取り戻せないこともあるのです。

司馬懿と息子たちは暗躍し、曹家の後継者を分裂させることも目標にしたはずです。しかし曹操の子や孫が、後継者を中心に賢く団結する家風を持っていたならば、司馬家につけこまれて、帝国を簒奪される隙を作らなかったかもしれないのです。


三国志の英雄ならどうする？

83

一族が長く栄えるには、団結できる家風を残すこと

22
次の世代を飛躍させるのに、何が必要か

親の教育とともに、優れた師となる人物を見つける

ここでもう一つの飛躍の要素を考えてみます。

書籍『三国志～演義から正史、そして史実へ』は、乱世の奸雄と言われた曹操に、彼が模範とした人物がいたことを指摘しています。その人物の名は橋玄《きょうげん》。

名門の生まれで学識もあり、官僚のときは毅然とした政治を執り行った人物でした。

「曹操は、橋玄を自分の理想とした。橋玄は、官僚として豪族の不法を許さず、外戚・宦官と関わりを持つ者であっても、その不法行為は必ず糾弾した。また、末っ子を人質に籠られた際には、躊躇する司隷校尉（首都圏長官）や洛陽令（首都洛陽の県令）を叱咤して

誘拐犯を攻撃、犯人もろとも末っ子を落命させている」（書籍『三国志』）

学者の家柄で深い学識を持ちながら、異民族討伐の前線でも成果を挙げた橋玄。

橋玄は、当時有名な許劭《きょしょう》を曹操に訪ねさせ、「治世の能臣、乱世の奸雄」という人物鑑定を与えられます。この評価で、曹操は名士の仲間入りを果たすことができました。

「門人に教授するほどの学識を持ちながら、戦場に出れば、鮮やかな采配を振るって敵を粉砕する。さらに、内政にも通暁して三公を歴任した橋玄は、まさに『入りては相、出ては将』と言われる理想的な『儒将』である」

「『矛を横たえて詩を賦した』とされる曹操は、突如現れた異端児ではない。自らを引き上げてくれた橋玄を理想とし、それに追いつき追い越そうと努力を重ねて、自らの姿を作り上げていくのである」（共に書籍『三国志～演義から正史、そして史実へ』）

優れた硬骨の官僚、かつ敵を打ち破る戦場指揮官だった橋玄。

曹操は自らの恩人で、理想としたい人物が若い時に、ごく近くにいたことになります。

劉備にも師と仰いだ人物があり、その人物の名は盧植《ろしょく》といいます。
彼は後漢の臣であり、文武の才を見込まれて黄巾の乱の討伐でも功績を挙げています。
劉備と同じ涿県の出身であり、当時から大儒学者として名前が通っていました。

「学問を終えて郷里に帰り、人々に教授した。彼は剛毅で大きな節度を持ち、常に済世の志（世を救う志）を持っていた（中略）。一七五年、九江蛮が反乱を起こすと、盧植は文武の才ありとされ九江太守に任じられた。蛮夷はたちまち帰服したが、彼は病のため官を去った」

袁紹が宦官排斥のため、クーデターを起こした時は、後漢の皇帝を守っています。

「袁紹たちの兵が宮中に乱入して宦官の殺戮を始めると、宦官張譲・段珪らは少帝を脅して人質とし、洛陽の東北約二十キロの小平津という黄河の渡し場まで逃走した。盧植は剣を把って張譲らを叱責すると、今はこれまでと彼らは黄河に身を投げて自殺した」（書籍『正史三國志群雄銘銘傳』）

劉備は地元で盧植が開いていた学舎で学び、群雄の一人となる公孫瓚にも出会います。

師である盧植は、確実に青年期の劉備に影響を与えたと考えられるのです。

孫権については、父と兄が最初の師であり模範だったと考えられます。父の孫堅は彼が10歳の時に死去、兄も19歳の時に戦死しています。父も兄も、苦境から道を切り拓いており、孫権に影響を必ず与えたと推測できます。

孫堅は後漢の混乱期から戦い、無能な袁術という頭目に苦しめられました。しかし息子の孫策とともに江南に勢力を築く基盤を作り上げました。

三国の英雄はいずれも青年期までに自らの師、理想と仰ぐ人物と出会っているのです。

三国志の英雄ならどうする？ 84

子供、青年が自らの理想とする人物と出会わせる

世代や立場によって、成功者や勝利者の形は違う

もう一つ、英雄たちに共通する点は、親から古い目標を押し付けられていないことです。

曹操の父曹嵩は、忠孝を重んじる保守的な人物でしたが、曹操は青年期からどちらかというと破天荒、放蕩を重ねる若者として育っています。

劉備も、叔父の劉元起が認めたように「一族の中で特別な者」と考えられており、むしろを売って生計を立てた母とは、別の人生を目指す雰囲気の中で育ちました。

孫権もまた、死去する直前に兄から別の目標を提示されています。

「江東を率いて敵味方両陣の間で戦機を決断し、天下と覇権を競うのは私のほうが優れている。しかし才能あるものを用いてその心を尽くさせ、江東を保全するのは卿の方が一枚上だ」（書籍『正史三國志群雄銘銘傳』）と、26歳で死に臨んだ兄から励まされています。

親は「自らを模範とすること」「同じ職業、ビジネスで成功して欲しい」と子供に期待するものです。特に自身が成功している場合は。

しかし三国志を振り返るとき、時代の転換点に揺れる社会では、これは間違いです。新しい時の入り口で新たな目標を掲げ、違う世界に飛び込む者から出世するからです。時代や世代が変われば成功者や勝利者の形は違うと考えられるのです。

これは劉備の子、２代目蜀の皇帝である劉禅のところでも述べたことです。蜀の創始者として「劉備が模範」と子供に付託した結果はどうなったか。同じ分野で父ほど才能のない息子は、確実に腐ってしまいました。父の模倣を周囲から期待されても、それに届いて追い越すことはできないからです。

現代ビジネスでも、創業者が息子や娘に事業継承を託すときは、注意が必要です。新たな世代が直面する時代に応じて、「次の時代に、お前にしか達成できない目標がある」と教えるほうが、両親を真似よ、というよりもよほど効果的なのです。

過去の自分と同じ目標を託すのではなく、若い者たちが輝きを増す道を考える。彼らが得意とする才能を発揮できる目標を与え、親がそれを許す必要があるのです。

三国志の英雄ならどうする？ 85

子供や後継者には、時代に合う目標を与えてやること

若い時から社会に参加させ、才能を誇るより現実を理解させる

乱世を生き抜き、苦労を重ねることで帝国を創り上げた3人。

彼らは常人では乗り越えられない状況を乗り越え、最後に栄光を手にしています。

このような父を持ちながら、のちの後継者たちは、ともすれば惰弱な者として父の帝国を崩壊させていきます。

これはなぜ起こってしまうのでしょうか。

理由の一つは、まさに父の成功にあります。

名を成す前の英雄たちは、戦場で夜露をしのぎ、渇望を耐える時期を過ごしています。

ところが、成功した彼らは、群臣が取り巻き、豪奢な生活ができる立場になります。

英雄たちを見ると、父が苦労した時期、実戦で戦い抜いていた時期から一緒に従軍していた世代は、たいてい質実剛健に育っています。

しかし成功を収めたあとしか見ていない世代は違います。

知識偏重で華美を好み、浪費を気にかけない者に育つ傾向があるのです。

成功した人物の子弟であれば、モノが豊かであるのは当然です。

三国志の英雄ならどうする? 86

親の豊かさや名声を誇るまえに、社会を体験させよ

彼らは家や、裕福なこと、両親から受け継いだ名声や才能を誇ることがあります。しかし多くは最初からその家にあったものであり、自ら獲得したものではありません。そのため子供や後継者には、親の豊かさを自慢するよりも、現実の社会を体験できる場を多く持たせ、戦場の厳しさや人生の機微を教える機会を持つべきなのです。

英雄や天才、偉才たちの家柄は、親の名声による七光りが確実にあります。子供たちは、いつしかそれを我がモノのように振る舞い始めてしまうのです。そのような陥穽《かんすい》を防ぐには、若い時から社会に参加させることが重要です。両親の仕事の現場を見学させるなどの体験も、大きな効果を発揮するでしょう。英雄たちの親の多くは、年若い息子を連れて戦場を駆け巡りました。のちに振り返ると、それは財貨よりも多くのものを子供たちに残したのです。

23 人生を輝かせる三国志の英知

機会に自ら立たなければ、他の者に制せられる

曹操、劉備、孫権、そして彼らを取り巻く人々の栄枯盛衰が三国志です。

華やかな戦勝の陰には、競争から脱落して歴史の露と消えた人々がありました。

彼らの姿を見て印象的なのは、機会に応じて行動を起こさない愚かさです。

英雄たちには皆、一つの共通点があります。

彼らは凡人が尻込みするのとは逆に、機会に果敢に飛び乗って進んだことです。

若き曹操が董卓に立ち向かわなかったなら、劉備が涿県の田舎にいながら黄巾の乱を討伐する義兵を挙げなかったなら、孫権の父や兄が乱世で江南を目指さなかったなら。

彼らに優柔不断と決断力のなさがあれば、無名の人物として生涯を終えたでしょう。彼らは機会を逃さず立ち上がり、果敢に行動したからこそ上昇気流に乗ったのです。

後漢の武将で黄巾の乱の平定に大きな功績のあった皇甫嵩という人物がいます。彼は乱の首謀者張角の弟、張梁の軍勢を破り、左車騎将軍となり、一時は天下にその名をとどろかせました。その彼に、ある人物が次のように助言しています。

「得難くして失いやすいのは時節であり、時節が到来しても忽ち過ぎ去ってしまうのが機会である。今、大功を挙げてなお凡庸な君主に仕えるのは、前漢の功臣韓信が高祖から受けた僅かな恩義を裏切れず、蒯通の忠言を拒んで、ついに釜茹にされたと同じ危険がある。この機会を逃さないで、七州の兵を率いて帝位を己のものとすべきである」（書籍『正史三國志群雄銘銘傳』）

しかし皇甫嵩は何もせず、結局は都を占領に来た董卓に権力を奪われてしまいます。時節や機会を逃せば、それを奪った他の者に自らが制せられるのです。

「董卓は、『義眞、恐れ入ったか』と問うと、『昔は明公とともに鴻鵠（大鳥）でしたが、明公が鳳凰になられようとは思いも寄りませんでした』」（書籍『正史三國志群雄銘銘傳』）

皇甫嵩はその後、さしたる活躍もなく195年には死去します。
後漢の混乱と戦局の転換は速く、皇甫嵩に二度とチャンスは回ってこなかったのです。
機会を前に、あなた自身が立たなければ、機会とともに他の誰かに制せられるのです。
機会は、あなたが手にしなければ他の誰かがそれを活かします。
素敵な異性がいて、あなたが交際を申し込まねば、別の誰かがその人を恋人にします。
時節や機会は一瞬です、まばたきほどの時間しかないこともあります。
それを手にする勇気こそ、すべての英雄にもっとも共通する貴重な資質なのです。

三国志の英雄ならどうする？ 87

時節や機会は一瞬、あなたが立たねば他者が勝つだけ

古い秩序の崩壊で、新たに生まれている問題に注目する

後漢の崩壊から三国の成立までを眺めると、あることがわかります。優れたリーダーには自然と人が集まるのです。

曹操の名参謀荀彧は、自ら曹操に身を寄せています。孫策の友の周瑜は江南の名家の人間として、孫策の武力を求めて仲間となっています。

後漢帝国はすでに秩序を保つ能力を失っていました。知識人も社会も民衆も、新たな問題を解決できる新勢力を渇望していたのです。社会の変化で混乱が起こるとき、必ずそれを解決できる勢力が注目を集めます。秩序の崩壊、時代の変化、世の中の変わり目には、新たな問題も発生するからです。

現代ビジネスでも新たな問題を解決できる企業と製品が当然売れていきます。セキュリティ機器、防犯カメラシステム運営やカード発行機などを製造する企業の中には、この数年で売上高が倍増したケースがあります。

中小中堅企業のM&Aを専門にサポートする企業でも、3年で売上高が2倍を超えた

ケースがあります。
世の中に犯罪が増えれば、それに応じて防犯意識は必ず高まります。
中小企業の経営環境が厳しくなれば、M&Aのニーズが必然的に高まるからです。
日本経済が必ずしも順調とは言えないこの数年間に、高い成長を実現している2社。
2社のような成長企業は、優秀な人材も多数獲得しています。

司馬懿は若い頃、後漢からの仕官要請を拒み続けました。
後漢は昨日の繁栄企業であり、未来を築く力を失っていることを見抜いたからです。
社会変化は過去の企業の力を失わせ、秩序崩壊は必ず新たな問題を生み出します。
新たに生まれている問題に着目し、それを解決できる代表者の一人となること。
これは、三国志の時代も現代も変わらぬ、飛躍をする基本原則なのです。

三国志の英雄ならどうする？ 88

新たに生まれている問題の解決者は、必ず飛躍する

自らが優先することが、あなたの人生を形作る

三国志を読むとき、私たちは人間の運命を考えずにはおられません。
一時は栄華を誇り、豪奢の限りを尽くした者が滅んでいく。
低い身分や草庵から天下を我がモノにする計略を生み出して飛躍する者。

では、一体人の運命はどのように決まるのでしょう。
実は劉備には、孔明以前に軍師や参謀になる可能性のある人物がいました。
彼の名は田豫《でんよ》。劉備が北方の公孫瓚陣営にいたころ知り合った人物です。
清廉潔白ながら権謀術数も得意とし、劉備と別れたのちに魏の臣下となります。
異民族との戦闘では武名をとどろかせて、敵も心服したほどの人物でした。
劉備は自分より若い田豫の才能を高く評価していました。
しかし二人が一緒に天下を狙うことはありませんでした。
田豫が劉備に別れを告げたからです。

「劉備が豫洲刺史になる（一九四）と、田豫は母の老齢を理由に、帰郷したいと願い出た。

劉備は泣いて『君と一緒に大事を成就出来ないのが残念だ』と言って別れを惜しんだ」

田豫が本当に老母を心配したのか、劉備の将来を見限ったのかはわかりません。ただ、田豫には劉備と道を共にする以外に、優先することがあったのです。

劉備に諸葛亮を紹介したのは、徐庶《じょしょ》という人物です。劉備に仕えましたが、２０８年に曹操が荊州を攻略したとき、劉備軍団が南を目指して逃げる中で、徐庶の母が曹操軍に捕らえられて、徐庶はやむなく魏軍に投降します。

「徐庶は劉備に別れを告げ、自分の胸を指して『本来、将軍とともに王覇の業を行なうつもりでいたのは、この方寸の地（心臓）においてでした。今、すでに老母を失って心は千々に乱れており、もはやお役に立てそうもありません』」（書籍『正史三國志群雄銘銘傳』）

田豫は曹丕や司馬懿にも仕えて、北方民族の討伐と統治に見事な手腕を見せました。その活躍で振威将軍、また刺史にも任命されています。

70歳を過ぎた田豫を、司馬懿がなお壮健として隠居を許さなかったほどでした。

徐庶は魏で中堅の役職を与えられましたが、劉備や諸葛亮との友情を守ったのか、あまり活躍をせずに魏で静かに生涯を終えています。

曹操は197年に夜襲されて負けたとき、息子（曹昂）から譲られた馬に乗って逃げ、息子は戦死しています（これが理由で最初の妻は曹操と離縁した）。

劉備は妻子を捨てて逃げ、守護していた関羽が一時期は曹操の配下となりました。


これはどちらが正しいというわけではありません。

人間は誰しも自分が優先するものがあり、それに応じて決断しているということです。

過去に、別れた人がいたならば、その人より優先する何かが私たちにあったのです。

離れた会社、友人、場所、それらよりも優先したいものが必ず皆さんにあったのです。

田豫、徐庶、曹操、劉備を含めた英雄には、彼らが最も優先するものがありました。

その優先したものに応じて、人生を創り上げ、時に至って決断を重ねたのです。

人の優先順位が決断を作り、それが積もり積もって人生となっているのです。


皆さんが今の人生を最高に気に入っているならば、何も変える必要はありません。

しかし、必ずしも満足のいく日々でない場合、優先順位を変えることが必要です。

老母を追いかけた徐庶が、劉備や諸葛亮との道を優先すればどうなったか。

答えは誰にもわかりませんが、彼の人生が激変したのは確かです。

輝く才能ではなく、生きる姿勢やしつけと一族の教育

強みで勝負が決まるのは組織、個人は弱みの克服で決まる

頭の良さ以上に、人間としての強さや他者心理の把握が重要

一族が一致団結する家訓と教育があるか否か

家の豊かさや名門を自慢させるより、子供には現実を教えて家族で団結する知恵を授ける

他者より優秀な才能をひけらかす者は、司馬一族に打倒された

↓

魏の王族は、貴族化して戦時の緊張感を忘れて滅亡

蜀の劉禅は、父に届かない劣等感から酒色に溺れて政治を放棄

呉は跡継ぎ争いで国力疲弊。分をわきまえない傲慢さで最後は敗北

人間は、その弱さで人生が左右される。司馬懿と息子たちの教訓

人は自らが優先するもので、自分の人生を創り上げているのですから。

三国志の英雄ならどうする？ 89

人生を大きく変えたくば、優先順位を大きく変えよ

三国志は、滅びの美学だけではなく、人の生き様と教訓を含む

書籍『三国志～演義から正史、そして史実へ』では、小説『三国志演義』を滅びの美学を描いた存在だと指摘しています。三国はいずれも勝者ではないことが理由です。

「『三国志』を『滅びの美学』に描く『演義』は、『分かれること久しければ必ず合し、合すること久しければ必ず分かれる』との循環論的な歴史観を冒頭に掲げ、その悲劇を美学に昇華している。その滅びの美学を日本人は愛した。判官贔屓《びいき》のお国柄がよく表れていると言えよう」（書籍『三国志～演義から正史、そして史実へ』）

判官びいきとは、弱い立場の者に、非合理的でも同情や哀惜の心情を寄せることです。『三国志演義』は、最後には敗れて去る劉備一行を主人公として扱っています。その点も、滅びの美学を加速させている要素かもしれません。

しかし本書は『三国志』の魅力は、滅びの美学だけではないと考えます。そこには、英雄たちが自らの人生を燃焼し尽くす生き様が描かれています。彼らは混沌の中で光を見出そうとし、戦場の夜露と共に起居しました。敵や友人、愛する人やライバルと共に自らの人生を駆け抜けたのです。劉備が蜀の皇帝になったのは60歳を目前にしたときでした。若き日から苦労を重ね、理想を胸に抱きながらも鬱屈した日々を彼は過ごしたのです。英雄たちは、一度しかない生涯を全力で疾走して、歴史に足跡を残しました。その姿は、私たちの人生もまた、全力を賭けるに値するものだと教えてくれるのです。

三国志の英雄ならどうする？ 90

一度きりの人生に、全力を尽くす者こそが英雄である

あとがき

「乱世を生き抜くための、最高の教科書」

難しい時代ほど、輝きを増す三国志の英知

『三国志』は古典として、日本でも多くの人を魅了してきました。
有名な吉川英治氏の『三国志』ほか、無数の解説本が出ています。
本書は、現代を私たちが生き抜くための戦略指南書として三国志を分析しました。
権謀術数、戦場の駆け引き、人間模様など、あらゆる手段を英雄たちは駆使します。
しかし三国志に登場する人物は、すべてが覇権を目指したわけではありません。
後漢という社会基盤が崩壊し、荒波の海に放り出されたような者も多かったのです。
海に放り出されたら、誰もが新たな船か岸にたどり着くため泳ぐ必要があります。

ある者は天下を目指す英雄となり、他の者は彼らと夢を共有し共に戦ったのです。海に放り出されたら、誰もがいやおうなく泳ぎ始めなければなりません。これはまさに今の私たち日本人の姿ではないでしょうか。世界が激動するなかで、今日を生き、明日を作らなければならないのですから。

三国志の物語には、あらゆる種類の人たちがどう泳いだかが描かれています。乱世を生きる手本は一つではなく、まさに無数にあります。だからこそ難しい時代ほど、三国志の英知は私たちの前で輝きを増すのでしょう。

時代が変わっても、世界は人間を中心に動くゆえに

現代はコンピューターを誰もが使い、スマホであらゆる情報が閲覧できます。しかしこの世界は、未だあらゆる面で人間を中心に動いています。ロボットが作られたとしても、それを設計するのはあくまで人間だからです。

三国志の深いところは、人間が些細なことから足を掬われることまで描くことです。

曹操は倒した敵将の未亡人を側室にして恨まれ、大敗北を喫しました。
劉備は義兄弟関羽の死を悲しみ、怒りのままに進軍してすべてを失います。
孫権は年老いて猜疑心が強くなり、忠臣を滅ぼし跡継ぎ選びで混乱を招きました。

本文でも書いたように、組織は人の強みを平均点にできます。
しかし個人の人生全体では、弱みがまさに平均点となるのです。
英雄も、逃げ惑う官僚たちも、清廉潔白な君子も、謀略の達人さえ同じです。
この世に生を受けて生き抜く条件には、誰もが変わりはありません。

有名な「孫子の兵法」は、勝利への戦略や人生訓、組織論を教えてくれます。
（本書の姉妹本『実践版　孫子の兵法』〈プレジデント社〉を是非ご覧ください）
三国志はさながら、孫子の実践解説書でありながら、それ以上の魅力もあります。
人の強さや弱さ、激情や忍耐など人間の存在をトータルに描いていることです。
だからこそ世界が人を中心に動く限り、三国志は多くの人を夢中にさせるのです。

この場をお借りして、壮大な歴史書『三国志』の解説書を執筆する、貴重な機会を頂いたプレジデント社ならびに、編集を担当頂いた桂木栄一様に心よりお礼申し上げます。

『三国志』の魅力をできる限り皆様にお伝えできるように、本書を書き上げました。

1800年前の壮大な『三国志』が、私たちに伝えるメッセージ

三国志で無数の英雄たちが活躍したように、人のゴールはそれぞれ違います。
何が理想の人生であるかは、人に応じて異なるからです。
私たちは個性ある人間として、独自の人生を自由に追求する権利があります。

一方で、人間であるがゆえに、誰もが逃れられない摂理があります。
人は若い頃は元気で軽率、人を信じすぎたり理想主義にすぎたりします。
働き盛りの時期には、忙しすぎて愛情や家庭をおざなりにしがちです。
老年期に差し掛かれば、何でも知っていると思い込み、猜疑心も強くなる。

人生の総決算は、ほんの一瞬の出来事だけで決まるわけではありません。
立つべき機会に立ち、戦うべきときに戦い、雌伏のときは耐え忍ぶ。
それぞれの場面に応じて、鎖のように連なった時が人生を創ります。

今日を生きていることは、私たちに過去があることを意味します。
今日を過ごしたことは、私たちに明日が待ち構えていることも意味します。
人は生まれ、若年期を過ごし、やがて年をとり、いつかは世を去ります。
この不変のサイクルの中で、私たちは良き人生を完成させる必要があるのです。
三国志の無数の英雄、必死に生きた登場人物たちは一つのことを教えてくれます。
「一度だけの人生を全力で生き抜き、自分の人生を完成させよ」と。
読者の皆さまの今日が、素晴らしいものになりますように。

２０１６年４月　鈴木博毅

超訳「六韜の兵法」早わかり！
これが劉備の読んだ兵法だ！

＊「虎の巻」とは『六韜』の第四巻『虎韜』から出た言葉

第一：文韜の巻

能力の高い人物は、それに応じた大きな餌（待遇）で集めて仕えさせよ。
釣り上げた人物の能力が高いほど、あなたが手にする領土も大きくなる。
天下を手に入れるには、独り占めせず、万民と天下を共有することだ。

賞罰は好き嫌いではなく、その人物が本当に為した善悪で取り決めよ。
人民を豊かにすれば、君主は人民から仰ぎ見られ、父母のように親しまれる。

国家を治めるのにもっとも大切なことは、人民を愛することである。
人民を愛するとは、人民に有利なことを行い、損害を与えないことである。

進言を聞くときは、安易に聞き入れず、頭から拒否もしないことだ。
高山が仰ぎ見ても頂上はわからないように、君主は深い思考を巡らせよ。

良いことだとわかっていても実行せず、好機がきても決断をためらう。
悪いことだと知りながら改めない。これでは聖人でも必ず失敗する。

人の資質は、金、地位、重い責任、危険な場面、仕事を与えて行動を観察せよ。
君主は農・工・商の三つの権限を人に与えるな。与えれば君主の権威が消える。

領土を維持するには、親族を大切にして、権限を臣下に貸し与えないことだ。
河は小さな流れのうちにせき止めなければ氾濫し、火もボヤのうちに消し止めなければ大火となる。

君主は富を蓄積せよ。富がないと仁を施せず、親族を大切にできず、国を保てない。

物ごとにはサイクルがあり、行き過ぎて極端になれば元に戻るもの。

前に進んで人と争い過ぎず、後ろに退いて責任のがればかりをするな。

王たる者が怒るべきときに怒らなければ姦臣がのさばる。

討つべきときに敵を討つことをためらえば、みすみす敵にやられることになる。

評判のみで人の良し悪しを判断すれば、腹黒い人間に必ず騙される。

賢者を登用するには、小さな職務から与えて実績と能力を判断することだ。

信賞必罰を身近な者に徹底すれば、その効果は遠く離れている者にもおよぶ。

国がいま繁栄していても、それは永遠ではありえない。

常に滅亡に至らないように心を引き締めるからこそ繁栄は持続する。

今の楽しみに溺れず、災いを常に警戒し怖れるからこそ、楽しみも持続できるのだ。

軍事ではこちらの作戦は秘匿し、敵の注意を別にそらして一気に隙を突く。

第二：武韜の巻

病を同じくする者が助け合うように、天下万民と利害を一致させるなら、君主の軍隊の勝利を、だれ一人邪魔するものはない。天下をわがものにしようとしない人物こそが、天下の支持をかちとるのだ。

天地が万物を育成してもその功績を鼻にかけないように、聖人も功績をひけらかさないことで、かえって人から讃えられる。聖人は人々の生活をかき乱さない。しかし愚者はそれを正すことができず、かえって争いばかりを引き起こす。

武力を使わず目的を達する12の方法がある。相手の要求をそのまま聞き入れて驕りを生じさせ、墓穴を掘ったところにつけ込む。敵国の重臣たちを手なずけ、君主と離間させる、敵国の君主を誉め上げて尊大になるように仕向けるなど。

天下を蓋《おお》うほどの度量、天下を蓋うほどの信義、天下を蓋うほどの仁徳、天下を蓋うほどの恩恵、天下を蓋うほどの権謀、そして貫徹力のある者が天下を治めるのである。

強敵を攻めるには、相手が膨張するように仕向けよ。強くなりすぎれば必ず折れ、拡張しすぎれば必ず欠ける。君臣関係を離間するには、相手の寵臣を通じて君主になんでも与え、のちに関係を遮断する。すると君主は臣下に不満と疑惑を必ず持つ。

第三：竜韜の巻

軍隊の統率には、君主と固い信頼関係を持つ者を任命せよ。信頼できる異なる才能の者を必要に応じて配置して、長所を発揮させ、変化に対処させるのだ。

将たる者の条件に五材と十過《じっか》がある。五材とは勇・智・仁・信・忠であり、十過とはその裏返しとして、死を軽んじて短気、強欲、厳しさを発揮できない、人を信じすぎる、清廉さを周囲に押しつける、不決断、他者に任せられない、自分でなにもできないなどの欠点である。

人は外見と中身が一致しないことも多い。そのため次の八つの方法で確認をする。質問をして返答を聞く、問い詰めたときの対応を見る、スパイを使い裏切りを誘う、ずけずけ訊ねる、金を管理させてみる、異性を近づける、困難な仕事を与える、酒を飲ませて酔い方を観察すること。

将を任命するときは、敵を前にする軍の指揮権をすべて委ねる。目標と責任の重さを理解させた上で、君主は将軍の軍権には干渉せず、部隊の全力を引き出させるのである。

将たる者の威信を確立するには、地位の高い者でも罪を犯せば罰すること。将たる者が軍の力を引き出すには、地位の低い者でも功があれば賞すること。

兵士が先を争って戦うのは、三つの性質の将軍の下にいる場合である。第一は、寒暑に苦しむ兵の辛さを理解する礼将。第二は、険阻な道でまっさきに車から下りて歩く力将。第三は、全軍に食事が行き渡らないうちは、自らの食事に手を付けない禁欲の将。

遠方の将軍と君主の連絡は、秘密保持が可能な割符を必ず使用すること。複雑な連絡の場合、手紙を三分割して別々の使者に運ばせる「陰書」を使うこと。

作戦の要諦は、敵にこちらの意図を見抜かれず、相手が防衛体制を敷く前に不意を突いて勝つことである。智者は好機を見逃さず、巧者は決断したら猶予しない。電光石火、好機に狂ったような勢いで襲い掛かれば、誰ひとり抵抗できる者はいない。

用兵のポイントは事前に有利な態勢を作ることである。戦略戦術を知り、賞罰や大義を掲げて自軍を思い通りに動かし、有利な地形に布陣する。そのように自軍の統率と敵の混乱を操る賢将を得ておくことだ。

敵の軍隊が発する音で、敵情を察することができ、音を聞き分けることで攻め方を変えて、勝利を引き寄せることが可能になる。

敵側の士気が高く、整然と一致団結している場合は強い。軍団にまとまりがなく、疑心暗鬼に陥っている軍は弱い。敵情を事前に察知して正しく攻めなければならない。

戦時の武備は、農耕にも転用できるものであり、優れた君主は、人民が普段の生活をする中にも富国強兵の要素を織り込み、自然に国力と軍事力を高めていく。

第四：虎韜の巻

軍を動かすための、各種戦車から武器、防衛具、矢来など必要な装備を全て揃える。

敵との対陣では、天の時に従う天陣と、地形を考慮する地陣、戦車や騎馬、文武のどちらで臨むかの人陣の三つがある。

敵軍に包囲されて糧道も断たれたときは、敵を戦車、騎馬で混乱させてから、一気に攻撃を加える。包囲された状態は最悪の事態であり、ぐずぐずしてはいけない。

敵の領内深く侵入して、まわりを大軍に包囲された場合、武器の損耗を避けながらとにかく勇戦する。敵の手薄なところ、備えのないところを見つけ出し、将兵と武器を黒装束にして闇夜に紛れて出撃し、敵に出会えば全軍一丸となって襲い掛かるのだ。

行軍に際しては、考えられる場合のために武器装備を計画して準備すること。できるかぎり事前に備え、不測の事態が起こらないようにすべきである。

国境で敵と対陣し、双方守りが堅い場合。味方を三軍に分け、前軍は守り、後軍には食糧を備蓄させ、密かに中軍の精鋭に出撃させて敵の不意を突き手薄な部分を攻略する。

敵の領内で対陣して、軍勢が互角の場合はどうするか。一軍を敵の10里前の両側に伏兵として、敵から100里の所で戦車や旌旗を前後に展開する。もしくは一軍をわざと敗走させ、伏兵を準備したところまでおびき寄せて攻撃する。

暑寒の厳しい季節に陣を張るような時は、警戒心を怠らないよう一つの陣を3000人に限定し、連絡を密にして声を絶やさず、一人一人が責任を果たすように仕向ける。

敵の領内で進軍するときは、地形を詳細に観察して堅固な陣を構えること。必ず遠方まで偵察を出し、軍を三隊にわけて分散し、前後の部隊をお互いに支援させる。

敵が領内で城に立て籠ったときは、堅く包囲して糧道を断ち、逃げ道をわざと用意しておいて敗走させる。その上で降服した者、捕えたものには恩恵を施して「罪は君主一人にある」と宣言する。これで天下の人は自然にこちらに帰服してくるであろう。

敵の領内の草地で火攻めを受けた場合、雲梯や櫓を使い四方を遠望し、火攻めの前方にこちらも広く火を放ち焼き払い、焼け跡に布陣して左右を強力な武器で守る。

敵の陣営や兵士の動向を探るには、高台に登り敵陣を観察する。敵陣からの音、人の声などを観察し、隙があれば攻撃を仕掛けるのである。

第五：豹韜の巻

森林地帯の対陣では、前後左右を固めて草木を刈り、道を広くして戦いに備える。布陣を敵に見せず、部隊を交替で戦い休息させて、持ち場を守り抜かせるのだ。

敵がこちらの領内に深く侵攻した場合、城を堅く守るあいだに別働隊に敵の背後を襲わせる。籠城するときは、先に城の前に伏兵を配置して前後から攻めて混乱させる。

敵は大軍で味方は少数で弱い。敵がこの機会に夜襲をかけてきた場合、どう撃退するか。自軍の勇士と戦車を選りすぐり左右の両翼とし、敵の前後、表裏を奇襲するのだ。

突然敵に遭遇し、相手が大軍の場合。精鋭と強弩《きょうど》を伏兵にして本隊から離れて待機させ、戦車・騎兵で左右から攻撃し、伏兵と共に敵を混乱させて撃退すべきである。

高い岩山は下から包囲されやすく、低い場所は上から攻め下られる。岩山での布陣は、前後左右いずれも対処できる陣形が必要で、敵が攻めてきたら瞬時に集合して対抗する。

河を挟んで敵と対峙し、しかも敵軍が有利なときは速やかに撤退すべきである。撤退には伏兵を置き、敵のスパイを買収して情報を得て、敵が渡河すれば猛攻撃をかけよ。

少数の兵力や、弱兵で大軍を打ち破るには、伏兵を狭い道に潜ませて日暮れに待ち伏せさせるか、大国と同盟して隣国の援助を取り付けるべきである。

厳しい地形で戦うときは、攻めよりも守りをまず固め、右・左・中央の軍にわけて、敵を攻撃するときは三軍が一斉に進撃し、戦った部隊は別部隊と交替して攻め続ける。

第六：犬韜の巻

数か所の軍に動員令を出すときは、将が決めた作戦日時を文書で通達し、その期日よりも早く駆けつけた者には賞を与え、遅れた者は斬罪にして賞罰を明らかにせよ。

敵に攻撃を仕掛けるには、好機を判断できなければならない。14の変化とは、敵が集結したばかり、兵も馬も空腹、天の時に恵まれない、地の利を得ていない、慌ただしい、無警戒、疲れている、部隊がバラバラ、長距離の行軍後、渡河、忙しすぎる、狭い道を進軍している、隊伍が乱れている、恐怖に陥っているなどである。

勇士を選抜して部隊を作るには、勇猛な者、体格と力に優れる者、脚力がある者のほかに、権力を失ってそれを取り戻すことを願う者、戦死した父の仇を討ちたい者、貧しくて出世したい者、恥辱をそそぎたい者、抜群の才能を持つ者などを集めて各隊にする。

全軍の将兵が戦争の仕方に習熟するには、太鼓や武器の使用法、作戦行動の指揮などを教え、1人が学び終えたらその者を隊長として10人に教え、その10人が学び終えたら次は100人に教える。こうして100人が1000人に教え、1000人が1万人に教え、

1万人が全軍に教えれば、やがては100万の大軍が習熟することになるのだ。

戦車や騎兵は、適切な使い方をしなければ歩兵一人にもかなわない。しかし正しい場面で使えば戦車1台は歩兵80人に匹敵し、騎兵1騎は歩兵8人に匹敵する。

戦車の要員は年齢、体軀、脚力などがあり、技術に習熟している者を採用する。そして彼らの待遇はくれぐれも厚くしなければならない。騎兵も同じく、役割に応じた能力を持つ者を採用すべきである。

戦車は地形を把握して戦うことが肝心で、戦車が不利な地形、有利な地形を熟知している将が指揮をすれば、1000台の戦車、1万の騎兵に囲まれても必ずや勝利できる。

騎兵にも10の勝てる戦い方と9の敗北を招く戦い方があり、知将は不利な戦いを避けるが、愚将はそれを避けられず、自ら敗北を招いてしまうのである。

歩兵で戦車、騎兵と戦うには有利な地形に布陣し、矢などの武器を持つ者を前衛にして、敵の戦車や騎兵が押し寄せてきても、守りを堅くしながら兵士一人一人の判断で柔軟に敵を防ぎ、塹壕《ざんごう》なども利用して機敏に戦うならば必ず勝つことができる。

［参考文献］

『図説　三国志の世界』河出書房新社
『三国志』講談社
『正史三國志群雄銘銘傳』潮書房光人社
『三国志―演義から正史、そして史実へ』中央公論新社
『世界70億人をワクワクさせるバカの知恵』プレジデント社
『未来をつくる起業家』クロスメディア・パブリッシング
『How Google Works』日本経済新聞出版社
『経営の見える化』中経出版
『六韜・三略』プレジデント社
『権威と権力―いうことをきかせる原理・きく原理』岩波書店
『新訳　君主論』中公文庫BIBLIO
『三国志合戦事典』新紀元社
『採用基準』ダイヤモンド社
『イノベーションと企業家精神』ダイヤモンド社
『「三国志」の覇者　司馬仲達』ＰＨＰ研究所
『ザ・ゴール　企業の究極の目的とは何か』ダイヤモンド社
『自分の会社を１００年続く企業に変える法』明日香出版社

鈴木博毅（すずき・ひろき）

1972年生まれ。慶應義塾大学総合政策学部卒。ビジネス戦略、組織論、マーケティングコンサルタント。MPS Consulting代表。日本的組織論の名著『失敗の本質』をわかりやすく現代ビジネスパーソン向けにエッセンス化した『「超」入門　失敗の本質』はベストセラー。『実践版 孫子の兵法』（小社刊）は5万部を超えるロングセラーに。近著に『戦略は歴史から学べ』（ダイヤモンド社）がある。

実践版
三国志
曹操・劉備・孫権、諸葛孔明……
最強の人生戦略書に学ぶ

2016年5月20日　第1刷発行
2017年5月21日　第2刷発行

著　者　鈴木博毅
発行者　長坂嘉昭
発行所　株式会社プレジデント社
〒102-8641 東京都千代田区平河町2-16-1
平河町森タワー13階
http://www.president.co.jp/
電話　03-3237-3732（編集）
03-3237-3731（販売）

装　幀　水戸部 功
販　売　高橋徹　川井田美景　森田巌
遠藤真知子　塩澤廣貴　末吉秀樹
編　集　桂木栄一
制　作　関 結香、坂本優美子
印刷・製本　凸版印刷株式会社

ISBN 978-4-8334-2170-6